상한
심령을 품어 주는 교회

상한 심령을 품어 주는 교회

지은이 · 이에스더 ‖ **펴낸이** · 김승태

초판 1쇄 찍은 날 · 2008년 4월 10일 ‖ 초판 1쇄 펴낸 날 · 2008년 4월 15일

편집 · 김지인, 이덕희, 방현주 ‖ **본문편집디자인** · 김선영, 이훈혜, 박한나

표지 디자인 · 박은미

영업 · 변미영, 장완철 ‖ **물류** · 조용환, 엄인휘

등록번호 · 제2-1349호(1992. 3. 31) ‖ **펴낸 곳** · 예영커뮤니케이션

주소 · (110-616) 서울시 성북구 성북1동 179-56 ‖ **홈페이지** www.jeyoung.com

출판사업부 · T. (02)766-8931, F. (02)766-8934 e-mail : edit1@jeyoung.com

출판유통사업부 · T. (02)766-7912 F.(02)766-8934 e-mail : sales@jeyoung.com

Copyright ⓒ 2008 이에스더

ISBN˙ 978-89-8350-473-9(03230)

값 9,000원

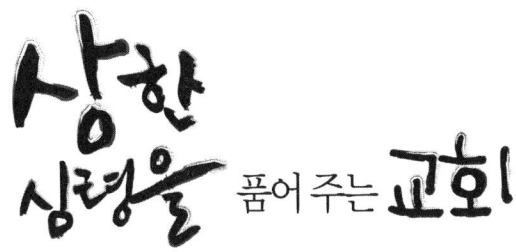

효과적인 목회상담의 실제

여의도순복음교회, 한밀교회, 지구촌교회, 사랑의교회, 온누리교회,
영락교회, 안산동산교회, 주안장로교회의 목회상담사역을 분석한 실제적인
연구보고서

조용기 · 엄예선 추천, 이에스더 지음

예영커뮤니케이션

즐거워하는 자들과 함께 즐거워하고
우는 자들과 함께 울라
(롬 12 : 15)

추천의 글

오늘날의 산업화 및 도시화의 급성장과 정보통신 기술의 발달은 현대인들에게 가치관의 혼돈을 초래하였고, 더 나아가 소외감과 허무감을 심어 주어 사람들은 깊은 갈등과 좌절감에 빠지게 되었습니다. 그 결과 많은 사람들이 삶의 방향감각을 잃어버린 채 내적 갈등 속에서 어려움을 겪고 있습니다.

그러므로 오늘날 한국교회는 영과 육과 범사에 새로운 가능성을 제시해 줄 수 있는 총체적인 상담과 훈련을 더욱 강화해야 할 때입니다. 한국교회는 상담사역을 통하여 성도들에게 위기를 극복할 수 있는 힘과 문제를 예방할 수 있는 힘을 공급해 주기 위해 힘써야 합니다. 그렇게 할 때 성도들이 건강하게 성장할 수 있고 성숙한 삶을 살 수 있는 것입니다.

이 책의 저자인 이에스더 전도사는 우리 교회에서 28년 째 사역하면서 상담사역의 중요성을 절실히 느껴 상담사역에 대해 연구하고 있는 신실한 주의 종입니다. 저자는 본서를 통해 "어떻게 하면 향후 한국교회가 상담사역을 더욱 활성화할 수 있을 것인가?" 하는 문제에 대한 답을 매우 명확하게 제시하고 있습니다.

따라서 이 책은 향후 한국교회의 상담사역을 활성화하는데 큰 역할을 하게 될 뿐만 아니라, 신앙생활을 하면서도 여러 가지 문제와 상처 때문에 어려움을 겪고 있는 많은 성도들이 다시 환한 웃음을 되찾는 데 많은 도움을 주게 될 줄 확신합니다.

여의도순복음교회 위임목사

조용기

추천의 글

예수님이 이 땅에 오셔서 하신 두 가지 사역은 말씀 선포사역과 치유사역이었다. 미국 다음으로 세계에서 선교사를 가장 많이 보내는 나라인 한국의 이혼율이 세계에서 2, 3위를 차지한다는 사실은 참으로 놀랍다. 수많은 성도들이 삶의 무거운 짐과 고통을 안고 치유받기 위해 교회를 찾는다. 그러나 우리는 그동안 한국교회가 얼마나 치유사역을 올바로 감당해 왔는가? 하는 질문을 해 보지 않을 수 없다.

한국교회는 그동안 성장 위주의 목회에 전념해 온 결과 세계적으로 괄목할 만한 성장을 했다. 그러나 한편 이동원 목사님의 말씀대로(목회와 신학, 1999, 5월호) 그 성장의 불길에 화상을 입은 성도들이 너무나 많다. 이러한

현실은 교회가 치유사역을 잘 감당하기는커녕 때로는 성
도들의 고통을 가중시키는 역할을 하지 않았는가? 하는
질문을 야기시킨다.

한국교회는 슬레지(Sledge; *Making Peace with
Your Past*, 1992)의 주장대로 더 이상 성자들의 박물관이
되지 말고 병원으로 탈바꿈해야 한다. 그래야 성도들이
건강하게 성장하여 세상의 소금과 빛의 역할을 올바로 감
당할 수 있을 것이다. 한국교회가 성도들의 고통을 치료
해 주는 병원이 되기 위해서는 말씀선포에 치중하였던 기
존의 목회모델이 바뀌어야 한다. 즉 신학적으로 사회과학
적으로 올바른 기초 위에 정립된 치유사역이 말씀선포 사
역과 나란히 한국교회에 뿌리를 내려야 한다. 목회상담은
치유사역의 핵심적인 부분을 차지하는 목회의 영역이다.

한국교회의 현실을 바라볼 때 목회상담은 주로 대형
교회에서만 실시되고 있는데 그마저 목회상담이 올바로
정착되었다고 보기는 힘들다. 이러한 시점에서 이에스더
전도사님의 책 「상한 심령을 품어 주는 교회」는 매우
시의 적절하다고 본다. 이 전도사님은 이 책에서 목회상
담에 대한 이론적인 측면을 소개한 후 여덟 개의 한국 대
형교회들의 목회상담 현황을 심도 깊게 분석했으며, 그러
한 분석 결과와 자신의 목회 경험, 그리고 많은 문헌 연
구를 바탕으로 한국교회가 어떻게 목회상담을 활성화할
수 있는지에 관한 구체적인 방안들을 설득력 있게 제시하
고 있다.

이 책이 한국사회와 교회의 앞날을 근심하며, 병든 자의 의원으로 오신 예수님의 제자로서 올바른 치유사역자가 되고자 하는 목회자들, 교회 중직자들, 사모들, 그리고 신학생들에게 많은 유익이 되기를 바란다.

풀러신학교 신학대학원 목회상담학과 교수
엄예선

머리말

　필자가 알고 있는 한 자매는 결혼한 지 몇 개월이 안 되어서부터 부부 갈등을 겪게 되었다. 이 자매는 결혼 전부터 시어머니 되실 분이 워낙 유난스러운 분이라고 느껴져서 결혼을 해야 할지 말아야 할지 망설였는데, 그래도 배우자가 될 형제 쪽에서 매우 적극적이었고 자매 역시 형제는 마음에 들었기 때문에 결혼을 했다.

　그러나 결혼생활은 장밋빛 꿈이 아니라 그야말로 현실이었다. 자매는 결혼 전에 염려했던 대로 시어머니 때문에 사사건건 스트레스가 이만저만이 아니었는데, 설상가상으로 남편까지 다니던 회사에 사정이 생겨서 직장을 그만두게 되었다. 그러다 보니 날마다 남편과의 싸움이 잦아지게 되어 결국 이혼을 결심하는 지경에까지 이르게 되었다.

그런데 이 과정에서 자매는 자신이 신뢰하고 있는 한 목회자에게 종종 상담을 의뢰했으며, 그때마다 그 목회자를 통해 새 힘을 얻게 되었다. 그러나 자매가 목회자를 통해 얻게 된 그 새 힘은 남편과 다시 부딪치게 되는 순간 곧 소멸되어 버리곤 했다. 그러던 중 자매는 목회자로부터 부부가 함께 상담 받을 것을 제안 받았다. 다행히 남편은 그 제안에 응해 주었고, 목회자는 영적인 면뿐만 아니라 자신이 가지고 있는 상담 지식을 동원하여 이 부부를 돌보아 주었다.

그렇게 부부가 목회자에게 상담을 받던 중 남편은 다시 새 직장에 나가게 되었고, 이 부부의 관계도 점점 회복되어 갔다. 그러자 목회자는 일주일에 한 시간씩 시간을 내어 성경공부를 통해 하나님의 말씀으로 이 부부를 양육해 주었다. 그렇게 하기를 약 6개월 정도 되었을 때 자매는 성경공부 후 목회자의 기도를 통해 성령세례와 함께 방언의 은사까지 받게 되었다.

뿐만 아니라 그 사이 이 부부는 하나님으로부터 사랑스런 자녀도 선물 받게 되었으며, 지금은 목회자의 직접적인 돌봄이 없이도 매우 건강한 부부로 성장해 가고 있다. 물론 자매와 시어머니와의 관계도 점점 좋아지고 있다.

이 부부는 목회자의 상담을 통한 돌봄이 없었다면 실제로 이혼에까지 이르렀을지 모른다. 그리고 아직 신앙이 깊지 않았던 이 부부는 교회는 물론이고 어쩌면 주님 곁을 떠나 버렸을지도 모른다. 그런데 이들은 목회자와의 상담을 통해 관계가 회복되었고 지금은 매우 아름답고 행복한 가정생활을 영위하고 있는 것이다.

이 사례는 목회상담사역이 얼마나 중요한가를 잘 보여 주고 있다. 그러므로 한국교회가 상담사역에 더욱 관심을 갖고 상담을 활성화하면 지금도 남몰래 울고 있는 많은 사람들이 다시 환한 웃음을 되찾게 될 것이라고 확신한다. 그렇기 때문에 필자는 이 책을 통해 어떻게 하면 한국교회가 상담사역을 더욱 활성화할 수 있을 것인가 하는 것에 대해 말하고자 하는 것이다.

1장에서는 본인이 원하든 원치 않든 목회자는 하나님 으로부터 위탁받은 상담자라는 것을 말했으며, 2장에서는 목회상담에 대한 이해를 전반적으로 살펴보았다. 즉 목회상담의 정의와 목적, 목회상담의 신학적 근거, 목회상담의 배경과 발전 과정, 목회상담의 윤리, 그리고 목회상담의 원리와 관점을 살펴보고 나아가 목회상담의 과정과 독특성 및 목회상담의 여러 가지 유형 등에 대해 살펴보았다.

3장에서는 한국 대형교회들의 목회상담 현황을 살펴보고 분석함에 있어서 먼저 한국교회에서의 목회상담의 필요성과 한국교회에서의 목회상담의 발전 역사를 살펴본 후, 한국교회에서 목회상담사역이 비교적 활성화되어 있는 여의도순복음교회상담소, 한밀교회상담소, 지구촌교회상담소, 사랑의교회상담소, 온누리교회상담실, 영락교회

상담부, 안산동산교회 동산가정상담실, 주안장로교회상담
소 등 여덟 교회를 선정하여 목회상담 현황을 살펴보았
다. 다만 한밀교회의 경우는 대형교회는 아니지만 상담사
역이 비교적 잘되고 있는 교회이기 때문에 살펴보았다.

한편 여기서 한국의 대형교회들을 중심으로 목회상담
현황을 살펴본 이유는 현재 한국의 중소형 교회들보다 대
형교회들의 목회상담사역이 비교적 활성화되어 있기 때문
이다. 그러나 이 책의 궁극적인 목적은 한국의 대형교회
들뿐만 아니라 모든 한국교회가 목회상담을 활성화하는
방안을 제시하는 것이다.

4장에서는 한국 대형교회들의 목회상담 담당자들이
말하는 각 교회의 목회상담의 문제점과 해결 방안을 말하
였는데, 여기서 각 교회의 명칭은 밝히지 않았다.

5장에서는 필자가 이 책에서 궁극적으로 말하고자 한
한국교회에서의 목회상담 활성화 방안을 제시하였으며, 6
장에서는 그 결론을 말하였다.

이 책이 나오기까지 많은 격려를 해 주신 여의도순복
음교회 당회장 조용기 목사님께 감사드리며, 무엇보다 멘
토가 되어 주신 미국 풀러신학교 신학대학원 엄예선 박사
님께 감사드린다. 아울러 책을 출간하는 데 여러 가지로
도움을 주신 국민일보 논설위원 김상길 목사님께 깊은 사
의를 표한다. 또한 이 책이 출간될 수 있도록 애써 주신
예영커뮤니케이션의 김승태 사장님을 비롯하여 편집부 관

계자들에게도 감사드린다. 끝으로 늘 곁에서 돌보아 주시고 뒷바라지해 주신 남편 이동수 장로님께 감사드리고, 아들 건우에게도 고맙다는 말을 전하고 싶다.

2008년 4월
이에스더

차례

제1장

목회자는 위탁받은 상담자다

목회자라면 누구나 예외 없이 목회상담을 해야 한다. 왜냐하면 목회자는 본인이 원하든 원치 않든 하나님으로부터 위탁받은 상담자들이기 때문이다.[1] 웨인 오우츠(Wayne E. Oates)에 의하면 목회자들은 사람들과 상담을 할지 안 할지를 결정할 특권이 없다. 선택은 상담을 할지 안 할지에 있는 것이 아니고 훈련받고 기술적인 방법으로 할 것인가 비기술적인 방법으로 할 것인가 하는 것에 있을 뿐이다.[2] 베너(David Benner)도 목회자에게 있어서 목회상담은 선택사항이 아니라 교인들이 끊임없이 필요로

1) 한재희, "21세기 목회를 위한 인간 실존의 이해와 목회상담", Online: http://cafe.naver.com/practicalth/136.
2) Wayne E. Oates, *An Introduction Pastoral Counseling* (Nashville: Broadman Press, 1959), vi. quoted in Howard J. Clinebell, *Basic Types of Pastoral Counseling* (Nashville: Abingdon Press, 1988), 42.

하며 요구하고 있는 사역이기 때문에 중요하다고 말한
다.3) 이처럼 목회자가 상담과 뗄 수 없는 관계를 갖는 이
유는 사람들이 스스로 해결할 수 없는 심각한 문제가 발
생했을 때 가장 많이 찾는 사람들 가운데 하나가 바로 목
회자들이기 때문이다.4)

　　미합중국 의회는 1955년 7월 28일에 '정신건강 연구
법안'(Mental Health Study Act)으로 알려진 법률안을
통과시켰다. 연합연구위원회의 연구조사를 통해 드러난
결과 흥미로운 사실은 개인적인 문제에 봉착했을 때 전문
상담자나 정신치료소를 찾아가는 사람은 고작 전체의 28
퍼센트에 불과하다는 것이다. 그리고 약 29퍼센트의 사람
들은 자신들의 '가정 의사'(family physician)를 찾아가
고, 42퍼센트에 해당하는 사람들은 문제해결을 위해 성직
자를 찾아간다는 사실이 보고되었다.5) 그 후 1976년에 한
연구조사에서도 여전히 목사를 찾는 사람이 39퍼센트로
가장 많았으며, 두 번째는 심리학자와 정신과의사였고, 정
신과 계통이 아닌 의사들은 21퍼센트의 지지를 받아 3위
로 밀려났다.6)

　　이와 같이 문제에 봉착한 사람들의 상당수가 종교 지

---

3) David Benner, *Strategic Pastoral Counseling: Short-term Structured Model*
　　(Grand Rapids: Baker book house, 1992), 8.
4) Roy M. Oswald, 「목회자의 자기관리」(Clergy Self-care: Finding a
　　Balance for Effective Ministry), 김종환 역 (서울: 세복, 2000), 19.
5) Gary R. Collins, *Helping People Grow* (Ventura: Vision House, 1982), 10.
6) Verhoff J. R. Kukla and E. Dorran, *Mental Health in America* (New York:
　　Basic Books, 1981). quoted in David Benner, *Strategic Pastoral
　　Counseling: Short-term Structured Model* (Grand Rapids: Baker book
　　house, 1992), 25-26.

도자들을 찾아가 도움을 요청하는 이유는 무엇일까? 이에 대해 콜린스(Gary R. Collins)는 성직자들은 아무 때나 어렵지 않게 만날 수 있을 뿐 아니라 돈을 받지 않기 때문이며, 또 정신과의사보다 성직자를 찾아가 자신의 문제를 털어놓고 상의할 때 부담을 덜 갖게 되기 때문이라고 말한다.[7] 한편 임상심리학자인 프뤼저(Paul Pruyser)는 최근 미국에서는 정신과의사나 심리학자, 그리고 전문상담자를 주위에 두고도 목사를 찾는 사람이 점점 늘어나고 있는데, 이는 경제적인 이유도 있겠지만 대부분의 상처 입은 사람들이 심리학자나 전문상담자의 도움을 넘어서는 영적인 도움을 필요로 하기 때문이라고 주장한다.[8]

그런데 아직까지도 한국교회는 소수의 교회[9]를 제외하고는 대부분 영혼구원사역에 비중을 두고 있기 때문에[10] 목회상담에 대해서는 별로 관심을 기울이지 못하고 있는 형편이다. 이에 대해 이기춘은 다음과 같이 말하고 있다.

한국교회는 1970년대부터 부흥하기 시작한 교회성장을 주축으로 양적 팽창주의에 매료되어 돌봄의 목회나

---

7) Collins, *Helping People Grow*, 10.
8) 박노권, "예배를 통한 목회적 돌봄", Online: http://home.mokwon.ac.kr/~p1316/.
9) 요즘은 대형교회를 중심으로 교회 안에 상담소나 영성훈련원 같은 기구를 설치하여 성도들의 문제를 해결하는 데 영적인 방법 외에도 MBTI, MMTIC, 적성검사 등 상담 심리 프로그램 등을 활용하는 경우도 있다.
10) 김홍근, "긍휼의 영성과 전인구원의 열매로서의 여의도순복음교회의 사랑의 실천과 전망", 제6회 전국신학자학술세미나 강의집, vol. 1 (2006): 163.

상담목회에 대해서는 거의 관심을 기울이지 못했다. 개
인이나 소집단을 상대로 엄청난 에너지와 시간을 소비한
다는 것은 별로 생산적인 사역으로 여겨지지 않았다. 따
라서 '궁극적인 관심사'(틸리히의 표현을 빌려)를 대화하
는 상담목회는 아직도 교역의 분야에서 그 중요성을 충
분히 인정받지 못하는 실정이다.[11]

　그가 이 글을 쓴 지 20여 년이 다 되어 가고 있는 지
금은 한국교회가 목회상담에 대한 중요성과 필요성을 느
끼고 목회상담에 어느 정도 관심을 기울이고 있다는 것을
부인할 수 없다. 그러나 문제는 아직도 많은 교회가 목회
상담의 중요성을 간과하고 있을 뿐 아니라 상담교육을 실
시하고 있는 교회도 상담에 대한 단순한 이론의 소개나
방법론에 그치는 경향이 있으며, 보다 실제적이고 적용
가능한 임상훈련은 부족하다.[12]

　교회의 사명이 영혼을 구원하는 것이 우선인 것은 자
명한 사실임에도 불구하고 교회가 그 본질적인 사명을 다
하기 위해서는 성도들을 전인적으로 돌보는 사역인 목회
상담의 중요성을 간과해서는 안 된다.[13] 즉 교회는 영혼
구원사역뿐 아니라 성도들의 전인적 치유와 성장을 소홀

---

11) 이기춘, "한국교회와 상담목회의 실천방향", 「한국교회를 위한 목회상담학」, 기
　　독교사상 편집부 편 (서울: 대한기독교서회, 1998), 85.
12) 홍인종, "한국 목회상담의 동향과 전망(초안)", Online: http://www.durihana.
　　com/mh2000
25c.htm.
13) 오성춘, "목회상담의 기초로서 예수의 참여적 공감", 「한국교회를 위한 목회상
　　담학」, 기독교사상편집부 편 (서울: 대한기독교서회, 1998), 292-293.

히 해서는 안 된다는 것이다.14) 왜냐하면 사람은 하나님의 형상으로 온전하게 창조된 전인적인 존재이기 때문이다(참조. 창 1:26, 27).15)

그러므로 한국교회는 성도들이 영적, 정신적, 육체적, 사회적, 전 환경적으로 평안한 상태를 유지하고, 하나님과 인격적인 관계의 삶을 살게 하며, 예수 그리스도와 연합된 상태로 살도록 도와야 한다.16) 예컨대 교회가 우울증에 걸린 환자를 돕기 위해서는 말씀과 기도 등 영적인 방법뿐만 아니라 약물치료와 함께 정신적, 사회적, 전환경적 치료를 병행하도록 해야 한다.17)

---

14) Howard J. Clinebell, *Contemporary Growth Therapies* (Nashville: Abingdon, 1981), 188-212. 이에 대해 틸리히(Paul. Tillich)는 "구원은 근본적으로 또한 원칙적으로 치료이다. 꺾어지고 와해된 것을 온전하게 만들어 주는 것이다."라고 말한다. Paul. Tillich, *Systematic Theology, 3 Vols* (Chicago: University of Chicago Press, 1967), 275. 엄예선, 「한국교회와 가정사역」, (서울: 생명의 말씀사, 2007), 436에서 재인용.

15) Daniel Day. Williams, *The Ministers and the Care of Souls* (New York: Harper & Row, 1961), 26-29. 한상인, "전인구원의 확장적 의미와 그 적용으로서의 JPIC", 「전인구원과 JPIC」, (서울: 서울말씀사, 2003), 128에서 재인용. 한편 마르틴 루터(Martin Luther)도 인간을 전인적으로 이해하는 신학적 인간론을 주장했다. 참조. 정홍열, "루터의 인간론에서 전인 개념", 『기독교사상』, 1998년 10월호, 48-52.

16) 박형렬, 「통전적 치유목회학」, (서울: 도서출판 치유, 1994), 11.

17) 우울증은 걷잡을 수 없는 절망과 무기력, 자살충동 등을 일으켜 한 사람의 인생을 파괴할 수 있으며, 영적으로 성숙한 사람이라도 우울증의 늪에서 수년간 고통당할 수 있다. 그런데 일반적으로 그리스도인들은 우울증을 귀신 들림이나 영적 허약함의 증거로 생각하는 경향이 있다. 즉 믿음이 부족하기 때문에 쉽게 좌절하고 우울해 하는 것이라고 생각하여 우울증 환자를 영적 낙오자로 취급하기도 하는 것이다. 그러나 과연 우울증은 죄성에서 비롯된 영적 위기일까? 모든 '불행'의 감정을 우울증이라는 범주에 넣어야 할까? 우리는 이같은 그릇된 통념을 떨쳐버리고 우울증의 속성과 증상에 대해 분명히 이해해야 한다. 왜곡된 신념이 우울증 자체보다 더 심각한 결과를 초래할 수 있기 때문이다. 한편 우울증은 약물치료를 통해 호전될 수 있을지 모르지만 그 약물치료가 우울증 환자에게 심리적으로 고통스러웠던 경험들을 완전히 떼어 놓지는 못한다. 따라서 우울증의 원인이 무엇이든 간에 상담자는 육체적, 영적, 정신적, 사회적, 전 환경적 치료를 병

흔히 21세기를 혼돈의 시대라고 하는데 지금 우리는 바로 이러한 시대에 살고 있다. 문명의 이기는 날로 발달하여 생활은 편리하고 풍요로워졌으나 치열한 생존경쟁과 정보통신의 홍수 속에서 제대로 적응하지 못하고 좌절감을 느끼며 방황하는 사람들이 많다. 그 결과 약물을 남용하고, 가정이 파괴되고, 가치기준이 소멸되는 등 그 어느때보다도 상담의 필요성이 고조되고 있다.[18] 특히 오늘날 우리 한국사회는 세계화에 발맞추어 밀려오는 서양의 문화가 어린이로부터 노년층에 이르기까지 모든 사람들의 삶에 영향을 미치고 있다.

그런가 하면 세대 간의 차이와 문화적인 차이, 그리고 사고방식 등의 차이로 인하여 사람들은 삶의 방향감각을 잃어버린 채 내적 갈등 속에서 어려움을 겪고 있다. 뿐만 아니라 오늘날의 산업화 및 도시화의 급성장과 정보통신 기술의 발달은 사람들에게 가치관의 혼돈을 초래하였으며 소외감과 허무감을 심어 주어 사람들은 깊은 갈등과 좌절 감에 빠지게 되었다.[19]

이처럼 급속도로 변화하는 현대 산업사회 속에서 세상 사람들과 호흡을 같이 하며 살아가고 있는 우리 그리스도인들 역시 개인적인 삶뿐만 아니라 가정생활과 교회 생활, 그리고 사회생활 전반에 걸쳐 많은 변화들을 겪으

행하도록 도와야 한다. 참조. Howard J. Clinebell, *Contemporary Growth Therapies* (Nashville: Abingdon, 1981), 196-199.

18) 여의도순복음교회 상담국 아가페전화 20주년 기념집 편찬위원회 편, 「순복음상담 치유와 회복의 발자취」 (서울: 쏠리데오, 2000), 14-15.

19) Ibid., 115.

며 살아가고 있다.20)

하나님의 자녀들이 예수 그리스도를 믿는 순간 정신적인 고통과 삶의 문제로부터 완전히 자유로울 것이라고 생각하는 것은 어리석은 생각이다. 그리스도인들은 신학적인 관점에서 볼 때 '이미'와 '아직' 사이에서21) 삶의 다양한 문제들로 인하여 고통과 좌절을 겪고 있기 때문이다. 따라서 교회에서 기도와 믿음만을 강조하는 것은 하나님이 주신 지혜를 무시하는 것이요 아픔을 겪고 있는 사람들을 외면하는 결과를 초래하게 된다. 그러므로 교회에서 신앙과 학문, 그리고 기도와 상담의 조화를 이룰 필요가 있다.

그동안 한국교회는 하나님에 대해 나름대로의 연구가 있었지만 전도와 돌봄의 대상인 인간에 대한 연구가 너무 부족하여 사람들을 하나님께로 인도하는 데 많은 좌절을 경험한 것이 사실이다.22) 따라서 한국교회는 더 이상 아무 문제가 없는 척하며 종교적 몰입이나 교회활동에만 충실하면 된다는 식의 구태의연한 사고방식을 고집해서는 안 된다. 오성춘도 2000년대의 미래 세계는 목회상담을 절실하게 요구하는 시대가 될 것이라고 말한다.23) 따라서

20) Jay. E. Adams, 「성공적인 목회상담」 (Pastoral Counseling), 정삼지 역 (서울: 예수교문서선교회, 1985), 24.
21) 김세윤, 「신약성경 신학 II」 (강의안, Seoul: Fuller Theological Seminary, Winter 2001). 이는 예수 그리스도가 이 세상에 오심으로 구원이 '이미'(alredy) 세상에 임하였으나, 이 구원은 종말론적 유보 상태에 있으므로 현재 여기서는 구원이 '아직'(not yet) 완성되지 않았음을 의미한다.
22) 심수명, "성도들은 현실적 상담을 원하고 있다", 《국민일보》, 2005년 8월 26일자, 39.
23) 오성춘, "21세기 한국사회와 목회상담의 과제", 『교회와 신학』 (1995), 497.

향후 한국교회가 주님으로부터 받은 사명을 잘 감당하기 위해서는 돌봄의 목회와 목회상담에 더욱 관심을 기울여야 할 것이다.

제2장

목회상담을 어떻게 이해할 것인가?

본 장에서는 목회상담의 정의와 목적, 목회상담의 신학적 근거, 목회상담의 배경과 발전 과정, 목회상담의 윤리, 그리고 목회상담의 원리와 관점을 살펴보고 나아가 목회상담의 과정과 독특성 및 목회상담의 여러 가지 유형 등에 대하여 살펴보고자 한다.

제1절 목회상담이란 무엇인가?

미국목회상담협회(AAPC)에서는 목회상담이란 '신학적 관점을 가지고 인간의 개인적인 삶과 공동체적인 삶을 경험과 행동 단계에서 탐구하고 해명하고 지도하는 것'이라고 정의한다.24) 또한 클라인벨(Howard J. Clinebell)은 목회상담은 목사에 의해서 일대일 또는 소수 집단과의 관계에 이용함으로써 사람들이 그들의 문제를 해결하도록 돕고, 나아가 그들의 잠재능력을 개발할 수 있도록 돕는 것이라고 하면서,25) 목회상담은 목회의 한 차원으로서 인간으로 하여금 제각기 직면하고 있는 문제와 위기를 성장 지향적으로 대처해서 자기네 상처의 치유를 경험하도록 돕는 다양한 치유방법의 활용을 뜻하는 개념이라고 설명한다. 나아가 그는 목회상담은 인간의 성장이 위기 상황에서 아주 위태롭게 되거나 단절되었을 경우에 요청되는 회복의 기능으로서, 인간은 일생을 통해서 목회를 필요로 하지만 목회상담은 심각한 위기 상황에 직면했을 때 짧은 기간 동안 필요로 한다고 하였다.26)

콜린스(Gary R. Collins)는 상담이란 어느 한 사람(상담자)이 다른 한 사람 또는 여러 사람들(내담자: counselee)을 충고하거나 격려하고 보조해 줌으로 인생의 문제에 보다 효과적으로 대처할 수 있도록 도와주는 두 사람 또는 둘 이상 사이의 관계라고 정의하며,27) 힐트너(Seward Hiltner)는

---

24) "The Constitution of the American Association of Pastoral Counselors," in *AAPC Handbook, 1986 revised edition* (privately printed by the AAPC, Fairfax, Va.), I-1: emphasis added. quoted in Deborah van Deusen Hunsinger, *Theology and Pastoral Counseling* (Grand Rapids: Eerdmans, 1995), 1.

25) Howard J. Clinebell, *Basic Types of Pastoral Counseling* (Nashville: Abingdon Press, 1988), 20.

26) Clinebell, *Basic Types of Pastoral Care and Counseling: Resources for the Ministry of Healing and Growth*, 26.

27) Gary R. Collins, 「교회지도자를 위한 효과적인 상담」 (*Effective Counseling*), 정동섭 역, (서울: 두란노서원, 1984), 18.

목회상담이란 하나의 과정이라고 정의한다. 즉 상담은 내담자가 스스로 문제를 해결하도록 돕는 과정으로서 내담자자신이 자기 문제를 해결하려는 능력을 가질 수 있도록 도와주는 과정이라는 것이다.[28] 또 로저스(Carl R. Rogers)는 효과적인 상담이란 명확하게 구성된 수용적 관계에 있어서 내담자로 하여금 자기 자신을 이해하게 하고 새로운방향을 향해서 적극적으로 갈 수 있게 해 주는 것이라고말한다.[29] 그런가 하면 오성춘은 그의 저서 「목회상담학」에서 목회상담을 다음과 같이 정의하고 있다.

> 하나님께 부름을 받고 교회의 위임을 받은 교역자(또는 상담자)가 고난과 위기 가운데서 적색 신호를 보내는 사람들(내담자들)과 만나, 교회를 대신하여 교회의 지원과 자원을 활용하여(교회), 주 예수 그리스도의 이름으로(신앙의 맥락), 일반상담이 계발한 원리들과 실제들을활용하여(일반상담의 원리와 방법), 주 예수님이 약속하신 풍성한 삶을 발견하고, 전인적인 인간회복(하나님의형상 회복)을 할 수 있게 돕는 목회의 한 분야이다.[30]

홍인종은 목회상담은 목회적 차원을 고려하면서 목회자가 내담자의 내적(영적, 정서적, 감정적, 행동적) 그리

---

28) Seward Hiltner, 「목회 카운슬링」 *(Pastoral Counseling)*, 마경일 역, (서울: 대한기독교서회, 1993), 100.
29) Carl R. Rogers, 「카운슬링의 이론과 실제」 *(Counseling and Psychotherapy)*, 한승호 역, (서울: 집문당, 1993), 30.
30) 오성춘, 「목회상담학」 (서울: 한국장로교출판사, 2000), 23.

고 관계적(가족, 타인, 또는 하나님) 문제를 성경적 진리를 손상시키지 않으면서 다양한 상담적 이론과 실제적 기법들을 사용하여 해결하려는 모든 과정이라고 정의하며,[31] 한재희는 목회상담은 단순한 상담의 차원을 넘어서서 영혼의 치료 또는 영혼의 구원이라는 목적을 가지고 개개인에 대한 배려를 가지는 상담관계를 중요시하는 적극적인 의미로 이해되어야 할 것이라고 말한다.[32] 또한 박노권은 목회상담은 심리학의 도움을 받아(무조건적이 아니라 비판적인 입장에서) 어려움에 처해 있는 사람을 돕는 것이지만 일반상담보다 더 나아가 생명과 사랑의 근원이신 하나님을 만나고 하나님 안에서의 삶을 살도록 돕는 것이라고 한다.[33]

이상 여러 학자들의 목회상담에 대한 정의는 각기 그 나름대로 특성과 의미를 지니고 있다고 할 수 있겠다. 필자는 목회상담을 성경적 진리의 범위 안에서[34] 일반상담이 계발한 원리와 방법을 최대한 활용하여 전인구원(영혼이 잘 됨같이 범사에 잘되며 강건하게 되는 것, 참조. 요삼 1:3)을 이룰 수 있도록 돕는 것이라고 정의한다.

---

31) 홍인종, "한국 목회상담의 동향과 전망(초안)", Online: http://www.durihana.com/mh200025c.htm.

32) 한재희, "21세기 목회를 위한 인간실존의 이해와 목회상담," Online: http://cafe.naver.com/practicalth/136.

33) 박노권, "2001년 목회와 상담," Online: http://home.mokwon.ac.kr/~1316/column/ch2.html.

34) R. C. Miller, *The Clue to christian Education* (New York: Charles Scribner's Sons, 1950), 7.

제2절 목회상담의 목적은 무엇인가?

클라인벨은 목회상담의 목적이 위기가 초래한 역기능과 파탄으로부터 고통을 당하는 사람들에게 치유를 제공하고자 하는 것임[35]을 밝힘과 동시에 그의 저서 *Basic Types of Pastoral Counseling*에서는 목회상담의 독특성에 대해 언급하면서, 목회상담의 근본적 목적이 영적 성장에 있음을 말하고 있다.[36] 나아가 그는 다음과 같이 강조한다.

목회상담은 사람들과는 물론 하나님과의 관계의 중요성을 높여 두어야 한다. 상담이 개방적이고 깊이 있는 관계를 맺을 수 있는 능력을 증대시킬 수 있는 경우라면 어떠한 상담도 보다 성숙하고 만족을 줄 수 있는 하나님과의 관계를 위해 그를 준비시키도록 도울 수 있는 것이다. 하지만 많은 사람들이 그들의 종교생활에 있어서 미숙함과 곡해를 가지고 있다. 그들은 종교영역에서 특별한 도움을 필요로 한다. 대부분의 목사들은 증대하는, 만족할 만한 하나님의 관계의 발전을 건강한 인격의 필수적인 측면으로 간주한다. 이러한 방향설정은 '종교적' 화제들이 논의되든 않든, 필연적으로 상담관계에 영향을 미친다. 만약 사람의 영적 생활이 갈등과 범죄의 기본적

---

35) Clinebell, *Basic Types of Pastoral Care and Counseling: Resources for the Ministry of Healing and Growth*, 46.
36) Ibid., 52.

원인이라면 이 영적 생활은 상담에 있어서 관심의 주요
초점이 되어야 한다.[37]

브리스터(C. W. Brister)는 목회상담은 교회의 행정
업무, 위원회 모임, 설교, 세례와 성찬 집례, 새신자 방
문, 복음 전도 등과는 구별되는 것으로 독특한 목적이 있
다고 하면서, 그 목적을 다음과 같이 제시한다.[38]

첫째, 사람들로 하여금 하나님과 접촉하도록 도와준다.

둘째, 내담자의 정체성의 발견에 도움을 준다.

셋째, 내담자로 하여금 사는 법을 배우도록 도와준다.

넷째, 대인관계 기술 개발을 도와준다.

다섯째, 정보를 제공한다.

여섯째, 통찰력과 자기이해와 자기 용납을 증진시킨다.

일곱째, 내담자를 도와 결단하게 한다.

여덟째, 내담자로 하여금 참 능력의 근원 위에 자신을 세워 나
가도록 격려한다.

아홉째, 인간 개체를 넘어서 사회 질서 속에 내재한 보다 큰
원인들을 지적해 준다.

열째, 희망을 가지고 인생의 미래의 문을 열게 해 준다.

리(R. S. Lee)는 치유와 성장이 목회상담의 목적이라

---

37) Clinebell, *Basic Types of Pastoral Counseling*, 52.

38) C. W. Brister, 「현대인의 절망과 희망」(*The Promise of Counseling*), 오성
춘 역 (서울: 홍성사, 1986), 153-163.

고 하며,39) 제럴드 에간(Gerard Egan)은 상담의 목적이 전적으로 좋은 결과만을 산출해 내는 데 있는 것이 아니라고 하면서, 어떤 문제 상황들은 다른 문제 상황들보다 훨씬 조정하기가 어려울 수 있기 때문에 내담자를 도와 어떤 종류의 문제 조정이 가능하며 어느 정도의 조정이 가능한 것인지를 발견하게 하는 것이 상담 과정의 핵심이라고 말한다.40)

그런가 하면 오성춘은 목회상담의 목적을 내담자를 고난과 위기에서 헤어 나올 수 있게 돕고, 예수님이 약속하신 감격적인 생명의 삶을 발견하고 그러한 삶을 살 수 있도록 도우며, 내담자가 가지고 있는 문제가 무엇이든지 간에 그 문제를 전인적인 관점에서 극복하여 완전한 인간, 즉 하나님의 형상을 닮은 인간으로 회복시키려 하는 것으로 보고 있다.41) 그래서 그는 목회상담자란 고난당하는 사람들을 위해 하나님께 중보기도하며, 하나님을 대신해서 하나님의 위로와 도움을 제공하여 그들을 일으켜 세우고 다시 한 번 삶을 살아갈 수 있도록 도움을 베푸는 자라고 설명한다.42)

콜린스는 상담의 목적은 여러 가지가 있을 수 있는데

---

39) R. S. Lee, *Principles of Pastoral Counseling* (London: SPCK, 1980), 25, 윤종모, "해방과 치유의 목회", 「한국교회를 위한 목회상담학」, 기독교사상편집부 편 (서울: 대한기독교서회, 1998)에서 재인용.

40) Gerard Egan, 「상담의 실제」 *(The Skilled Helper)*, 오성춘 역 (서울: 대한예수교장로회총회출판국, 1991), 54.

41) 오성춘, 「목회상담학」, 23.

42) 오성춘, "목회상담의 필요성", Online: http://library.pcts.ac.kr/professor/오성춘.htm.

내담자의 행동, 태도, 또는 가치관을 변화시키는 것을 비롯하여 보다 심각한 문제가 일어나지 않도록 예방하는 것, 사교술을 가르치는 것, 감정 표현을 도와주는 것, 곤고할 때 지원해 주는 것, 책임을 가르치는 것, 영적 성장을 자극하는 것, 내담자가 위기에 처했을 때 자신의 내적 자원을 동원하도록 도와주는 것 등이 상담의 목표에 포함된다고 하면서 심리치료의 경우와 달라서 상담이 인격을 현저하게 변화시키거나 변조시키는 것을 목표로 할 때는 거의 없다고 말한다.43) 그는 또한 기독교상담자는 예수 그리스도와의 개인적인 관계 속으로 사람들을 이끌려고 노력할 뿐만 아니라 사람들이 먼저 예수님의 제자들이 되고 난 후 다른 사람들을 훈련시키는 자들이 되도록 도우려는 궁극적인 목표를 가지고 있다고 주장한다.44)

차일드(Brian H. Childs)는 목회상담은 기본적으로 두 가지 목적을 가지고 있다고 본다. 그중 하나는 사람들로 하여금 스스로 자신을 돌볼 수 있도록 하기 위한 것인데, 그렇다고 목회상담의 목표가 사람들로 하여금 전반적으로 자기만족이나 개인주의적으로 만드는 것을 의미하는 것은 아니라고 한다. 또 하나는 상담 경험이 인간본성에 대한 충분하고도 풍부한 신학적 이해에 대한 자원을 제공할 수 있게 해야 한다는 것이다. 이처럼 그는 교역으로서의 목회상담은 교회 자체에 대한 이해와 선교뿐 아니라

---

43) Collins, 「교회지도자를 위한 효과적인 상담」, 18.
44) Gary R. Collins, *Christian Counseling* (Texas: WordBooks, 1980), 14.

교회가 속해 있는 세상에 대해 기여를 해야 한다고 보는
것이다.45)

　나아가 그는 교역의 일반적인 실재의 부분으로서든지
또는 특수 교역의 기초적인 강조점이든지 간에 목회상담
은 두 개의 목표를 가지고 있다고 본다. 첫째는 치유의
목표로서 진단적이며, 사회적이며 회복시키는 등의 복합
성을 포함하며, 두 번째 목표는 신학적인 이해에 대한 구
체적인 과제라는 것이다. 그는, 목회자는 이 두 개의 목표
를 충족시키기 위해 현재 신학적 문제들에게 최소한이라
도 관심을 기울일 필요가 있으며, 아울러 기독교 전통의
역사에 대한 연구조사와 자신이 속한 교파의 전통에도 관
심을 기울여야 한다고 주장한다.46)

　사미자는 목회상담의 궁극적인 목적은 내담자로 하여
금 지금까지 고통 받고 있던 문제와 갈등으로부터 벗어나
치유를 경험하게 하고, 그러한 경험을 통하여 하나님과의
관계가 회복되면서 결과적으로 전인적인 측면에서의 성장
을 가져오도록 하는 데 있다고 말한다.47) 또 황의영은 일
반상담에서는 내담자로 하여금 스스로 자기 문제를 찾고
통찰하고 해결하는 자율적인 능력을 발휘하는 인간이 되
게 하는 것이 그 최종 목표가 되지만, 목회상담은 한 걸
음 더 나아가 신앙적 인격의 완성에까지 그 목표 지점을

---

45) Brian H. Childs, 「단기목회상담」 (Short, Term Pastoral Counseling), 유영
　　선 역 (서울: 한국장로교출판사, 1995), 22-23.
46) Childs, 「단기목회상담」, 24.
47) 사미자, "현대 사회와 목회상담". Online: http://library.pcts.ac.kr/professor/
　　사미자.htm.

연장시켜 놓아야 한다고 주장한다.[48]

또한 오성춘은 성도들이 요한복음 10장 10절에서 이 야기하는 '풍성한 삶'과 요한복음 7장 38절의 '그 배에서 생수의 강이 흘러나는' 삶을 살도록 돕는 것이 목회의 근 본 목표라고 말한다. 말하자면 인간의 수평적인 삶 속에 하나님의 삶을 수직적으로 연결시켜 우리의 수평적인 삶 에 초월적인 차원을 더하게 하는 것이 바로 목회의 근본 목표요, 목회상담의 목적이라는 것이다.[49]

결국 목회상담의 목적은 내담자들을 다양한 고난[50]으 로부터 구출하는 데 힘쓰며 내담자들 스스로가 관계 개선 의 질을 높이도록 해야 할 뿐만 아니라,[51] 그들을 도와가 는 동안 내담자들로 하여금 더욱 하나님을 의지하게 하는 것이라고 할 수 있다. 필자는 하나님의 말씀과 성령의 역 사하심을 통해 내담자들의 영과 혼과 육이 그리스도 안에 서 풍성한 삶을 회복할 수 있도록 돕는 것이 목회상담의 목적이라고 본다.

제3절 목회상담의 신학적 근거는 무엇인가?

성경은 치유목회가 하나님의 뜻임을 분명히 말해 주

---

48) 황의영, 「목회상담원리」 (서울: 생명의 말씀사, 1994), 144.
49) 오성춘, 「목회상담사례분석」 (서울: 대한예수교장로회총회출판국, 1987), 14-15.
50) Oates, *Pastoral Care and Counseling in Grief and Separation*, 51-61.
51) Clinebell, *Basic Types of Pastoral Counseling*, 32-33.

고 있다. 사실 창세기부터 요한계시록에 이르기까지 성경은 인류의 가장 큰 문제인 죄와 질병과 죽음으로 고통당하고 눌린 자를 구원하고 치유하여 온전한 하나님의 형상으로 회복시키는 이야기들이요, 하나님 나라의 평화와 사랑의 통치 이야기라고 할 수 있다.[52] 그 중에서도 에스겔 34장과 마태복음 25장 41-45절까지의 내용이나 이사야 53장 4, 5절, 그리고 이사야 61장 1-3절까지의 말씀 등은 치유목회의 중요성을 더욱 확고히 해 주고 있다.

한편 신약성경의 사복음서 저자들 가운데 한 사람인 누가는 다른 저자들에 비해 예수 그리스도의 치유사역을 더 많이 강조한 것을 볼 수 있다. 누가가 복음을 선포할 당시 그의 공동체는 억압받고 소외된 자가 많았으며 주님의 재림이 임박했다는 신앙이 식어져 가는 상황이었다. 이런 삶의 정황에서 누가는 예수님의 구원은 재림(종말) 때만 오는 것이 아니라 지금 현재에도 온다는 것을 강조했다. 그는 예수님이 현재 주로 군림하면서 현재적 고난 가운데 있는 자들을 돌보시는 분이심을 강조했다. 종말에 완성될 구원이 현재 이 땅 위에서도 실현되는 구원의 포괄성, 즉 치유와 사회정의, 화해 등 현재 우리의 영혼육간의 모든 고난이 제거되고 온전하게 되는 '전인구원'의 은총을 강조한 것이다.[53]

필자는 앞에서 향후 한국교회가 주님으로부터 받은

---

52) 박형렬, 「통전적 치유목회학」 (서울: 도서출판 치유, 1994), 26.
53) 김세윤, 「신약성경 신학 II」.

사명을 잘 감당하기 위해서는 돌봄의 목회와 목회상담에 더욱 관심을 기울여야 할 것을 강조한 바 있다. 실제로 목회에 있어서 치유사역은 예수 그리스도의 가르침이요, 하나님 나라의 도래이며, 전인구원의 역사를 드러내는 일이라고 할 수 있다. 왜냐하면 복음이 전파되는 곳이면 치유의 역사가 일어나야 하는 것이 예수 그리스도의 가르침이요, 그의 실천강령이기 때문이다. 따라서 교회는 예수 그리스도의 복음에 입각하여 그의 원리를 따라 치유공동체가 되어야 한다.[54]

교회는 하나님께서 인간을 구원하시고 회복시키기 위해 세우신 곳이다. 하나님은 이곳에서 당신의 백성들을 치유하시기 원하신다. 따라서 교회는 하나님의 치유의 현장으로서, 그리고 치유의 사역지로서 그리스도께서 이 땅에 이루신 것과 같은 바른 치유의 역사가 드러나도록 준비되어야 한다.[55]

치유공동체는 우는 자와 함께 울고 웃는 자와 함께 웃으며, 연약한 자의 약점을 담당하고(참조. 롬 15:1), 판단하지 않으며 부딪힐 것이나 거칠 것으로 형제 앞에 두지 않는 공동체이다(참조. 롬 14:13).[56] 이 치유공동체로서의 초대 교회는 주님의 명령에 따라 치유사역을 잘 감당했다(참조. 행 3:1-26).[57]

---

54) Baek Ju Seok, "An Evangelical Study of Healing Theology of Jesus Christ" (Ph. D. diss., Yuin University, 1999), 213.

55) Ibid., 215.

56) 엄예선, 「한국교회와 가정사역」, 412.

57) Baek, "An Evangelical Study of Healing Theology of Jesus Christ," 213.

제4절 목회상담은 어떻게 발전했는가?

목회상담과 목회는 20세기 발명품들이 아니라58) 여러 세기의 역사를 지니고 있다.59) 목회상담은 일찍이 예수님이 친히 사용하신 '면접법'에서 그 기원을 찾아볼 수 있다. 그러나 19세기 중반까지도 목회상담학이라는 분야는 없었으며,60) 학문적으로 이 방면에 연구가 막상 시작되기는 20세기에 이르러서였다.61) 그렇기 때문에 목회상담은 20세기에 새롭게 나타난 분야라기보다는 약 2000년이라는 장구한 교회의 역사 속에서 행해져 온 목회적 돌봄이 20세기에 와서 심리학의 발달과 더불어 더 전문화되었다고 할 수 있다.62)

오늘날 목회상담이 필요한 경우나 그 기술들은 이 시대의 독특한 방법들임이 사실이지만, 영혼목회나 치유는 오랫동안 교회의 영역이었으며 유사 이래 일반적으로 종교의 영역이기도 하였다. 조나단 에드워드(Jonathan Edwards)의 「종교 감정의 보화」(*Treatise Concerning Religious Affections*)는 많은 상담목회를 인도해 준 체계적인 심리학서다.63)

---

58) Childs, 「단기목회상담」, 19.
59) Gary R. Collins, *How to Be People Helper* (Ventura: Vision House, 1982), 161.
60) 채규현, "목양과 목회상담과의 관계,"
Online: http://lib.chongshin.ac.kr/DataFile/5772010103.pdf.
61) 황의영, 「목회상담원리」, 19-20.
62) 이관직, "목회상담의 정체성", 『가정과 상담』, 2000년 7월호, 31.
63) Jonathan Edwards, *A Treatise Concerning Religious Affections 1746*, ed. *John E. Smith* (New Haven: Yale University Press, 1959), (역서에 페이지

어떤 면에서 금세기 이전에는 현재의 임상상담과 유사한 형태들이 세속적 영역이든지 목회 영역이든지 간에 본질적으로 존재하지는 않았다. 정신치료는 금세기 중반이 되어서야 목회자들에게 비로소 가치 있는 것으로 인식되기 시작했다. 금세기 중반 이전에는 심리학적인 치료는 심한 고통을 가진 사람이나 장기간 동안 비용을 부담할 수 있는 부자들, 또는 스스로 정신분석에 빠진 사람들에게나 소용이 되는 한정된 영역이었다. 여러 다양한 이유로 인해 실용적이며 새로운 형태의 치료법은 제2차 세계대전 직후에 발전되었다.[64]

한편 프로이드(S. Freud)의 정신분석학을 계승한 고전정신분석이 실존정신분석으로 발전하여 왔고, 이어서 행동치료를 시도하는 동안 여기에 간접적인 영향을 받아가면서 발전되어 온 목회상담은 1905년 미국 보스턴에 있는 임마누엘 감독교회를 중심으로 일어난 임마누엘 운동(Emanuel Movement)에서 종교와 의학의 관련성을 모색한 데서 비롯되었는데, 1908년 우스터(Worcester)와 맥콤브(McComb) 및 코리엘(Coriat)에 의해서 「종교와 의학」이란 책이 나옴으로 발전되었다.[65] 그리고 1920년대에 일단의 목사들과 의사들에 의하여 목회상담운동이 불붙기 시작했다.[66] 그 후 정신병 학자이자 성직자인 올리

　　명시 안 됨). Childs, 「단기목회상담」, 19-20에서 재인용.
64) Childs, 「단기목회상담」, 20.
65) 황의영, 「목회상담원리」, 20.
66) 김재술, 「목회상담의 이론과 실제」 (서울: 세종문화사, 1991), 19.

버(John Rothbone Oliver)가 1932년에 와서 「목회적 정신치료와 정신건강」 이라는 책을 냄으로 박차를 가하게 되었다.[67]

목회상담운동의 기수로 꼽을 수 있는 사람은 안톤 보이센(Anton T. Boisen)이었는데, 그는 스스로 정신질환으로 오랜 기간 고통을 받았고 세 차례나 정신병원에 입원까지 했던 목사이자 저술가였다. 그는 이러한 자신의 경험을 통하여 교회는 정신건강의 문제를 소홀히 해서는 안 되지만 소홀히 하고 있는 것을 깨달은 후, 소수의 신학생들을 매사추세츠의 위세스터 주립병원에서 훈련하기 시작했다. 이것이 임상 목회교육(Clinical Pastoral Education)의 발단이었다. 병원 관계자들은 정신적, 육체적 환자를 치료하는 데 목회자들의 참여가 얼마나 중요한 것인가를 인식하게 되었으며, 신학교에서는 신학과 심리학이 상호 연관될 수 있는 방법을 모색했으며 신학교육에 있어서의 상담훈련의 중요성이 입증되기 시작하였다.[68] 이에 영향을 받은 사람 중에 힐트너는 목회 신학 원론을 강조하게 되었다.[69]

1939년에 롤러 메이(Rollo May)는 「카운슬링의 기술」(The Art of Counseling)을 출판하여 상담학의 체계와 그 모형을 들어내게 하였고, 1942년에 와서는 칼 로저스

---

67) 황의영, 「목회상담원리」, 20.
68) 김재술, 「목회상담의 이론과 실제」, 20.
69) Seward. Hiltner, 「목회신학원론」(Preface to Pastoral Theology), 민경배 역 (서울: 대한기독교서회, 1979), 66.

(Carl R. Rogers)가 「카운슬링과 정신요법」(*Counseling and therapy*)을 출판하여 카운슬링에 대한 관심을 불러일으켰다. 특히 로저스는 '비지시적 방법' 또는 '내담자 중심 방법'이라고 부르는 새로운 상담자리를 제창하여 유명해졌다.[70] 그 후 1949년에 힐트너(Seward Hiltner)의 「목회상담학」(*Pastoral Counseling*)이 출판되었고, 1951년에 캐롤 와이즈(Carroll A. Wise)가 「목회상담학」(*Pastoral Counseling*)을 저술하였다. 와이즈의 책은 1962년 이환신에 의해 번역되어 우리나라에 목회상담을 소개하는 데 크게 공헌하였다.[71]

제5절 목회상담 시 윤리적으로 주의할 점은 무엇인가?

상담은 본질상 윤리적인 사역으로써, 상담자와 내담자의 특수한 관계로 인해 상담자는 반드시 윤리적이어야 한다.[72] 전문인이나 비전문인을 막론하고 모든 상담자가 자신의 윤리적 책임과 의무에 신경을 써야 하는 이유는, 그리스도인으로서 우리는 상담 상황에서의 우리의 행동에 대해 하나님과 내담자 그리고 지역사회 앞에 책임이 있기 때문이다.[73]

---

70) 황의영, *목회상담원리*, 20.
71) 김재술, *목회상담의 이론과 실제*, 20-21.
72) 정소영, *상담과 기독교 교육* (서울: 한국장로교출판사, 2000), 281.
73) Collins, 「교회지도자를 위한 효과적인 상담」, 48.

상담자가 단지 내담자에게 깊은 관심을 가지고 성심 성의껏 돌보는 것만으로는 충분하지 않다. 상담자는 내담 자의 '개인의 가치와 존엄성'을 최대한 존중해 주는 데 힘 써야 한다.[74] 상담자는 내담자의 상황에 대한 지속적인 돌봄을 위해서도 그렇고, 자신의 계속적인 상담사역을 위 해서도 바른 윤리관을 가져야 하는 것이다.[75] 나아가 상 담자는 모든 윤리적인 결정에 있어서 하나님께 영광을 돌 리고, 내담자나 다른 사람들의 행복을 존중하는 방향으로 행동하려고 노력해야 한다.[76] 그리고 성경이 모든 윤리적 인 결정을 함에 있어서 궁극적인 표준이 되어야 한다.[77]

1. 목회상담 윤리의 기초

1) 내담자의 비밀을 보장해야 한다

내담자의 비밀보장이란 상담 과정 중에 내담자가 한 말을 아무에게도 누설하지 않겠다는 상담자의 약속을 기 초로 이루어진다. 약속을 지킨다는 것은 신뢰가 그 바탕 에 있어야 가능하고 신뢰는 상담자와 내담자와의 관계에 서 핵심적인 요인이 된다. 따라서 효율적이고 신뢰성 있 는 상담관계가 형성되기 위해서 비밀보장은 반드시 있어 야 할 필수적인 요소라고 할 수 있다.[78] 상담자는 내담자

---

74) 정소영, 「상담과 기독교 교육」, 281.
75) 김재술, 「목회상담의 이론과 실제」, 102.
76) Collins, *Christian Counseling*, 44.
77) Ibid., 43.
78) 정소영, 「상담과 기독교 교육」, 285.

가 비밀을 지켜 주리라고 믿고 말한 것은 끝까지 비밀로 지켜 주어야 한다.[79) 내담자는 자기가 털어 놓은 이야기가 밖으로 새어 나가기를 결코 원치 않기 때문이다.[80)

상담 내용을 인용할 때에는 내담자의 가명을 사용해야 한다. 상담자가 고의로든 부주의로든 상담 내용을 노출시킨다면 매우 심각한 결과를 가져 올 수도 있기 때문이다. 상담자는 권위를 상실하게 될 것이며 내담자는 가족으로부터 소외당하거나 친구를 잃게 될 수도 있고[81) 심지어는 직장이나 목숨까지 잃게 되는 경우도 있게 된다.[82) 따라서 비밀보장이 없이는 상담관계가 시작될 수도 없고, 상담이 시작되었다고 할지라도 결코 지속적으로 진행될 수 없게 된다. 그렇기 때문에 상담에 있어서 가장 중요한 윤리적 규범은 비밀보장이라고 할 수 있다.[83)

상담자들은 내담자와의 상담기록을 사무실이나 개인 서재에 두는 경우가 많다. 그러한 경우에 교회직원들이나 가족들이 자연스럽게 접할 수도 있게 되어 비밀이 노출될 수도 있으므로 주의해야 한다. 뿐만 아니라 목회자들은 설교나 강의를 할 때 상담한 내용을 노출시키지 않도록 각별히 조심해야 한다. 특별히 내담자가 참석한 자리에서는 아무리 내담자의 신분을 감춘다고 해도 그 사례에 해

---

79) Collins, 「교회지도자를 위한 효과적인 상담」, 48.
80) 황의영, 「목회상담원리」, 66.
81) 이종기, 「간추린 목회상담학」 (서울: 세종문화사, 1991), 138.
82) 김재술, 「목회상담의 이론과 실제」, 103.
83) Archibald D. Hart, Gary L. Gulbranson, and Jim Smith, *Mastering Pastoral Counseling* (Portland: Christian Today, Inc., 1992), 31.

당되는 당사자는 심한 모멸감과 배신감을 느끼게 되기 때문이다.

만약 설교할 때 어떤 사례를 예화로 사용할 필요가 있다고 판단될 경우에는 다음과 같은 몇 가지 사항에 유의해야 한다.[84]

첫째, 자신이 직접 가지고 있는 상담 자료를 사용하지 말아야 한다.

둘째, 현재 진행 중인 상담 자료를 사용하지 말아야 한다.

셋째, 예화의 출처가 상담사례라는 것을 밝히지 말아야 한다.

넷째, 어떤 사례이든지 변형시켜 사용해야 한다.

한편 비밀보장은 매우 중요하고도 반드시 지켜야 할 규정이지만 내담자의 안녕 혹은 다른 사람이 위태로울 때는 부득불 비밀보장을 할 수 없는 경우도 있다.[85] 예컨대 생명을 보호해야 한다든지 법원의 명령에 순응해야 할 경우와 같이 특별한 상황에서는 비밀보장이 깨어질 수도 있다. 비밀보장을 할 수 없는 경우는 다음과 같다.

(1) 내담자가 노출에 동의할 때

내담자가 자신에 관한 정보를 노출해도 좋다고 동의할 때에는 노출을 할 수 있다. 이때 가능하면 서면으로 동의를 받아 놓아 동의에 대한 분명한 근거를 남기면 더

---

84) 이종기, 「간추린 목회상담학」, 139.
85) Gary R. Collins, *Christian Counseling*, 44.

좋을 것이다. 그러나 정보를 노출하게 될 경우 어느 정보를 누구에게, 그리고 왜 노출하는지를 내담자에게 알려주어야 한다. 이를 위해 일반적으로 상담관련 기관에서는 '정보공개동의서'(Release-of-Information)를 준비해 놓는다. 그러나 같은 정보를 형법상의 수사나 고소할 목적으로 사용해서는 안 된다.[86]

(2) 법적으로 보고할 필요가 있을 때

요즘은 우리나라도 지방자치제가 활발하게 진행되고 있는데, 미국은 각 주마다 법이 따로 있어서 특정한 환경이나 행동에 대해서는 그에 관한 정보를 보고하도록 되어 있다. 텍사스 주 같은 경우는 목사가 상담실에서 비밀리에 들은 문제들에 대해서 증언하기를 거부할 경우 법정모욕죄로 투옥된다. 또 캘리포니아에서는 한 교회의 상담자가 피상담자의 자살 의도를 보고하지 않았다는 이유로 고소당하기도 했다. 그런가 하면 아동학대 사건을 알고도 보고하지 않는 상담자는 고소당할 뿐만 아니라 처벌을 받을 수도 있다.[87] 이처럼 주에 따라 그 내용은 다르지만 법이 보고하도록 되어 있다면 상담자는 비밀보장의 원칙을 깨고 보고해야 한다.[88]

---

86) 정소영, 「상담과 기독교 교육」, 286-287.
87) Hart, Gulbranson, and Smith, *Mastering Pastoral Counseling*, 35-37.
88) 정소영, 「상담과 기독교 교육」, 288.

(3) 내담자가 위험한 상황에 처하게 되었을 때

가령 내담자가 조만간 자살을 하게 될 상황이거나, 반대로 타인을 살인하게 될 위험성을 보였을 경우라면 가족이나 지지자 또는 관련자에게 알려 주어 극단적인 행동을 하지 않도록 조치를 취하여 위험을 미리 차단해야 한다.[89]

(4) 내담자가 미성년자인 경우

미성년자와의 상담에서 알게 된 모든 정보는 원칙적으로 그들의 법적 보호자인 부모가 간섭할 수 있기 때문에 자녀에 대한 정보를 타인에게 양보해도 좋다는 허락은 최종적으로 부모가 하게 되어 있다. 그러나 미성년자인 내담자와 효과적인 상담을 하기 위해서는 비밀을 보장해 주는 것이 무엇보다 중요하다.[90] 따라서 내담자의 신뢰감을 깨뜨리지 않으면서도 부모와의 협의를 통해 내담자를 도와 줄 수 있는 방안을 마련하는 것이 중요하다.[91]

미성년자와 상담할 때 비밀보장의 책임을 다하기 위해서는 다음과 같은 사항에 유의해야 한다.

첫째, 어린이의 문제에 대하여 다른 사람과 상의하기 전에 반드시 어린이에게 먼저 알려야 한다.

둘째, 부모나 성인과 접촉하여 어떤 결정을 내려야 할 경우에는 반

---

89) Ibid., 288-289.
90) Hart, Gulbranson, and Smith, *Mastering Pastoral Counseling*, 31.
91) 정소영, 「상담과 기독교 교육」, 289.

드시 결정 과정에 어린이가 참여하도록 해야 한다. 이때 절대
로 어린이가 상담자로부터 배신당했다는 느낌을 갖게 해서는
안 된다.
셋째, 결정이 이루어지면 그 결정된 내용을 어린이에게 알려야 한
다.[92]

(5) 집단상담인 경우

개인상담과 달리 집단상담에서 노출된 정보는 비밀보
장이 이루어지기 어렵다. 그럼에도 불구하고 상담자는 정
보 누출을 최소화시키기 위하여 여러 가지 면에서 조심스
럽게 접근해야 한다. 무엇보다 집단상담자들은 구성원들
에게 비밀보장의 중요성을 인식시킬 필요가 있다. 비밀보
장에 대하여 논의할 때 집단에서 사용된 자료나 비디오테
이프 등은 구성원들의 동의 없이는 사용되지 않으며, 만
일 사용할 필요가 있을 때에는 철저히 비밀로 사용될 것
을 미리 말해 주는 것도 필요하다. 또한 상담 시에는 모
든 구성원들로 하여금 상담이 시작되기 전에 서면으로 비
밀보장의 약속을 받아 놓는다면 비밀보장의 필요성과 중
요성을 인지하게 되어 불필요한 약속 위반은 하지 않게
될 것이다.[93]

---

92) Remley, T. P., Jr. (1985). *The Law and Ethical Practices in Elementary and Middle Schools. Elementary School Guidance and Counseling*, 19, 181-189. quoted in R. L. Gibson, M. H. Mitchell & S. K. Basile, *Counseling in the Elementary School: A Comprehensive Approach* (Boston: Allyn & Bacon, 1993), 287-288.
93) 정소영, 「상담과 기독교 교육」, 290-291.

2) 다른 상담자나 내담자에 대해 말하지 말아야 한다

훌륭한 상담자는 내담자와 그의 문제를 다른 내담자에게 말해 주지 않는다.[94] 내담자는 자신의 위급한 문제를 해결하기 위해 여러 상담자들을 만날 수 있다.[95] 그런데 상담자들 사이에는 상담이론이나 기술이 서로 차이가 날 수 있기 때문에 내담자들은 상담자들을 비교하려는 우를 범할 수 있다. 반면 상담자들은 자신이 다른 상담자들보다 더 유능한 상담자임을 과시하기 위해 경쟁심을 가지고 다른 상담자들을 비난할 수도 있다. 이러므로 상담자는 내담자 앞에서 다른 상담자에 대해 비난하지 않도록 주의해야 하며, 내담자의 당면한 문제를 해결하는 데 힘써야 한다.[96]

또한 상담자는 내담자 앞에서 전에 상담했던 내담자의 문제나 현재 상담하고 있는 내담자의 문제에 대해 말하지 말아야 한다. 왜냐하면 내담자가 생각할 때 자신의 경우도 노출되지 않을까 염려하여 문제를 솔직하게 내놓지 못할 수도 있기 때문이다.

3) 이성인 내담자와 불필요한 접촉을 피해야 한다

상담자는 내담자와의 관계에 있어서 최대한 예의 바른 모습을 취해야 한다. 특히 내담자가 이성일 경우에는 몸가짐에 더욱 주의할 필요가 있다.[97] 내담자들 중에는

---

94) Collins, 「교회지도자를 위한 효과적인 상담」, 48.
95) 김재술, 「목회상담의 이론과 실제」, 104.
96) Ibid.,

애정문제나 성적인 문제로 고민하는 사람들이 많이 있는
데, 이들은 상담자의 친절한 태도를 애정적 표현으로 오
해하여 후유증을 불러 올 수도 있기 때문에 다음과 같은
사항에 유의해야 한다.98)

첫째, 될 수 있는 한 신체적 접촉은 피해야 한다.99)
콜린스는 악수를 제외하고는 내담자를 만지는 행위는 피
하는 것이 좋다고 하면서, 때때로 신체적 접촉이 허용될
때 내담자 마음속에 성적 또는 감정적 관계가 시작될 수
있다고 주장한다.100)

둘째, 불필요한 세밀한 부분까지 묻고자 하는 욕망을
억제하고 꼭 필요한 것 외에는 알려고 하지 말아야 한
다.101)

셋째, 너무 빨리 내담자의 감정을 수용하려고 하지 말
아야 한다. 상담자가 너무 빨리 모든 문제를 해결하려고
하다가는 오히려 역효과가 날 수 있기 때문이다.102)

한편 콜린스는 "상담자의 내담자를 향한 성적인 감정
은 보편적인 것이므로 현명한 상담자는 자기통제를 위해
특별한 노력을 할 것"이라고 말한다.103)

---

97) Hart, Gulbranson, and Smith, *Mastering Pastoral Counseling*, 27.
98) 이종기, 「간추린 목회상담학」, 140-141.
99) 김재술, 「목회상담의 이론과 실제」, 105.
100) Collins, 「교회지도자를 위한 효과적인 상담」, 48.
101) 김재술, 「목회상담의 이론과 실제」, 105.
102) Ibid., 105-106.
103) Collins, *Christian Counseling*, 41.

4) 상담자 자신의 욕구 충족을 위해 내담자를 이용하지 말아야 한다

상담자 자신의 호기심, 성적인 욕구, 사람들이 자신에게 의지해 주기를 바라는 욕망 같은 것이 상담에 영향을 미칠 때가 종종 있다. 내담자가 다른 사람을 험담하는 것을 듣는 것은 재미있는 일일 수도 있지만 그것이 자신의 호기심만 충족시켜 줄 뿐이라면 이는 아무 도움이 되지 못한다. 자신의 약점을 이해하고 성령님께 의지한다면 상담자가 이러한 유혹을 피할 수 있을 것이다.[104]

5) 상담 장소를 잘 선정해야 한다

의사가 환자를 수술하는 장소는 매우 중요하다. 그렇기 때문에 병원에서는 환자에게 병균이 감염되는 것을 방지하기 위하여 무균 상태의 수술실에서 수술한다. 상담은 환자를 수술하는 것과 같은 일로써 상담을 효과적으로 진행하기 위해서는 상담하는 장소가 매우 중요하다.[105] 가령 주위가 산만하고 비밀이 보장되지 못한 장소에서는 상담을 성공적으로 할 수 없다. 또한 목회자의 집도 상담 장소로는 적합하지 못하다. 가족들을 통해 상담 내용이 노출될 수 있기 때문이다. 이러므로 상담자의 사무실이나 따로 마련된 상담실이 가장 적합하다고 할 수 있다.[106]

---

104) Collins, 「교회지도자를 위한 효과적인 상담」, 48.
105) Clyde M. Narramore, *(The) Psychology of Counseling: Professional Techniques for Pastors, Teachers, Youth Leaders, and All Who are Engaged in the Incomparable Art of Counseling* (Grand Rapids: Zondervan Pub. House, 1980), 28.

한편 상담자는 상담 장소에 항상 성경책과 기타 필요한 도서나 자료를 비치해 놓고 필요시 적재적소에 사용할 수 있어야 한다. 뿐만 아니라 효과적인 상담 진행을 위해 상담 시 필요한 제반 비품들을 잘 갖추어 놓는 것도 필요하며, 내담자들이 영육 간에 편안한 가운데 문제를 내어 놓을 수 있도록 하는 것도 중요하다.[107]

6) 균형 잡힌 상담을 해야 한다

목회상담은 육체적인 노동과는 달리 심리적인 기술뿐 아니라 영적인 능력까지 필요로 한다. 그러나 오늘날 목회상담을 하는 대부분의 사람들은 심리적인 면과 육적인 면은 외면한 채 지나치게 영적인 면에 치우쳐서 상담을 하거나, 아니면 영적인 면과 육적인 면은 고려하지 않고 전적으로 심리적인 면에 초점을 맞추어 상담을 하는 경향이 있다.[108] 그러나 이러한 자세는 모두 시정되어야 한다. 목회상담은 영적인 면과 심리적인 면, 그리고 육체적인 면을 균형 있게 다룰 수 있어야 한다.[109]

7) 그리스도인으로서의 가치관을 숨기려 하지 말아야 한다

상담자의 가치관은 그의 상담은 물론 그가 하는 모든 일에 영향을 미친다. 그러므로 내담자가 상담자의 기독교

---

106) Hart, Gulbranson, and Smith, *Mastering Pastoral Counseling*, 28.
107) 김재술, 「목회상담의 이론과 실제」, 105.
108) Clinebell, *Contemporary Growth Therapies*, 188.
109) Ibid., 188-212.

적 가치관을 알도록 해 주는 것이 좋다. 이에 대해 콜린스는 '그렇게 하지 않는 것', 즉 내담자가 상담자의 기독교적 가치관을 알도록 해 주지 않는 것은 부정직한 처사라고 주장한다.[110] 그리고 코리(Gerald Corey)는 "우리가 일상적이고 기계적인 상담을 하지 않는 한 우리가 내담자와 맺고 있는 관계로부터 우리의 가치와 신념들을 배제시킬 수 없다는 것이 나의 주장이다."라고 말한다.[111] 그러므로 목회상담자는 내담자에게 자신의 그리스도인으로서의 가치관을 숨기려 하지 말아야 한다.

8) 상담자로서의 자신의 한계를 알아야 한다

예수님을 제외하고 도움을 원하거나 필요로 하는 사람을 다 도울 수 있는 능력이나 훈련 경력을 지닌 상담자는 아무도 없다.[112] 포스터(Timothy Foster)는 하나님은 한계가 없으시지만 모든 상담자는 한계가 있다고 하면서, 대부분의 전문상담자들은 이 한계를 인정한다고 말한다.[113] 그러므로 목회자는 상담자로서의 자신의 한계를 알고 내담자에게 상담을 계속하도록 강요하지 말아야 한다.[114]

상담자가 자신의 분야 이외의 모든 문제를 상담해 주

---

110) Collins, 「교회지도자를 위한 효과적인 상담」, 49.
111) Gerald Corey, *Theory and Practice of Counseling and Psychotherapy* (Belmont: Brooks/Cole, 2000), 19.
112) Collins, 「교회지도자를 위한 효과적인 상담」, 49.
113) Timothy Foster, *The Handbook of Christian Counseling* (Nashville: Thomas Nelson Publishers, 1995), 118.
114) 김재술, 「목회상담의 이론과 실제」, 106.

려고 하는 것은 무리다. 따라서 자신이 다룰 수 없는 분야는 그에 합당한 전문가에게 도움을 받을 수 있도록 안내해 주는 아량이 있어야 한다.[115] 가령 법률적인 문제나 의학적인 문제, 교육적인 문제 등이 그에 해당된다. 목회자가 자신의 분야가 아닌 부분에 대하여 계속적으로 자기 주장을 고집한다면 내담자를 돌보아 주기는커녕 오히려 문제를 복잡하게 만들 수도 있다.[116] 상담자는 내담자에게 상담을 계속하도록 강요하거나 압력을 가하지 않도록 주의해야 한다.[117]

2. 상담자의 윤리적인 책임

1) 상담자는 상담자로서의 전문성을 위해 노력해야 한다

상담은 육체적인 노동과는 달리 심리적, 영적 기술을 필요로 하는 독특한 분야이다.[118] 따라서 목회상담을 함에 있어서 영적인 면뿐만 아니라 심리학적인 면에 있어서 전문적인 지식과 임상 경험을 갖는 것은 중요하다. 우리 속담에 "선 머슴이 사람잡는다."는 말이 있다. 이러므로 상담을 함에 있어서 전문적인 지식과 능력을 갖추는 것은 중요하다. 그러나 우리의 현실상 목회상담을 담당하고 있

---

115) Narramore, (The) Psychology of Counseling: Professional Techniques for Pastors, Teachers, Youth Leaders, and All Who are Engaged in the Incomparable Art of Counseling, 29.
116) 이종기, 「간추린 목회상담학」, 141-142.
117) Collins, 「교회지도자를 위한 효과적인 상담」, 49.
118) 정소영, 「상담과 기독교 교육」, 282-283.

는 대부분의 사람들이 주로 목회자들이거나 교회에서 직분을 맡은 몇몇 성도들이기 때문에 상담에 대한 전문성이 결여되어 있는 것이 사실이다. 그렇기 때문에 할 수만 있으면 영적인 면뿐 아니라 심리적, 육적인 면에 있어서도 상담에 대한 전문적인 지식을 갖추어 상담에 임할 수 있도록 전문성을 육성하는 것이 필요하다.

2) 상담자는 내담자의 개인차를 인정해야 한다

하나님께서 창조하신 만물 중 그 무엇 하나 똑같은 것은 없다. 하나님께서는 우리 인간을 지으실 때 한 사람도 다른 누구와 똑같은 사람으로 지으시지 않으셨기 때문에 쌍둥이도 성격이나 모양에 있어서 서로 차이가 난다. 하나님께서 우리 인간을 지으실 때 그만큼 신묘막측하게 지으신 것이다(참조. 시 139:14). 사람은 누구나 하나님께서 주신 독특한 기질과 모양을 가지고 있다. 그러므로 상담자가 내담자의 독특성을 인정하는 것은 상담자의 윤리적인 책임이다. 상담자는 사람들이 저마다 사회적인 지위, 경제적인 정도, 개인적인 성향, 가치관 등에서 현격한 차이가 있을 수 있다는 것을 인식하고 내담자에게 가장 합당한 상담을 할 수 있어야 한다.

3) 상담자는 시대적 변화에 적응할 줄 알아야 한다

현대 사회의 가장 큰 특징 중 하나는 변화이다. 시대도 변하고 사람도 변한다. 21세기를 살아가는 오늘날의 내담자를 상담하면서, 20세기의 가치관으로 상담하려고 하는 것은 잘못이다. 이러므로 상담자는 누구보다도 시대의 흐름에 민감하게 대처하여 상담에 임하는 자세가 필요하다.[119)]

제6절 목회상담의 원리는 무엇인가?

상담을 함에 있어서 어떤 전제를 가지고 시작하는가 하는 것은 매우 중요하다. 왜냐하면 상담자가 의식을 하든 하지 않든 간에 그 전제는 상담에 큰 영향을 끼치기 때문이다. 따라서 목회상담은 다른 무엇보다도 가장 먼저 성경적인 전제와 원리를 따르는 것을 기본 원칙으로 해야 한다.

본래 성경의 원리는 참된 진리로써 절대 불변의 것이다. 그래서 조직신학, 성경신학, 역사신학, 실천신학 등 신학이 미쳐지는 영역과 그 분야는 넓을지라도 신학의 본질이 다를 수는 없다. 따라서 목회상담 원리에서도 성경의 원리가 얼마만큼 뒷받침 되었느냐와 기술적으로 어떻게 표현되고 적용되었는지의 문제는 대단히 중요한 것이다.[120)]

그러나 목회상담도 상담이기 때문에 일반상담의 원리

---

119) 정소영, 「상담과 기독교 교육」, 284.
120) 황의영, 「목회상담원리」, 23.

와 방법과 절차와 기술들을 완전히 무시한 채 성경적인 원리만을 고집하는 것은 바람직하지 않다. 물론 일반상담의 원리와 실제가 성경에 기록된 영적인 원리보다 우선시되어서는 안 되겠지만, 일반상담의 원리와 방법들을 목회상담에 활용하는 것도 간과하지 말아야 한다.[121]

콜린스는 상담을 기독교적으로 실시함에 있어서 목회상담자가 숙지해야 할 상담의 원리를 다음과 같이 제시하고 있다.[122]

첫째, 어떠한 상담 관계에서든지 상담자의 인격, 가치관, 태도, 신앙이 일차적인 중요성을 지닌다.

둘째, 상담에는 내담자의 태도와 동기, 그리고 도움을 받고 싶어 하는 욕구가 중요하다.

셋째, 상담자가 내담자와 어떤 관계를 맺느냐 하는 것은 매우 중요한 의미를 지닌다.

넷째, 상담은 내담자의 감정과 사고와 행동에 모두 초점을 맞추어야 한다.

다섯째, 상담에는 다양한 상담 기술이 포함된다.

여섯째, 상담의 궁극적인 목표는 내담자들을 제자로 삼고 한 걸음 더 나아가 그들이 또 다른 사람을 제자화하도록 도와주는 것이다.

---

121) Ibid., 23.
122) Collins, *How to Be People Helper*, 32-56.

제7절 목회상담의 관점은 무엇인가?

상담은 상담자의 관점에 따라 서로 다른 종류의 상담을 하게 된다. 예컨대 내담자가 우울증 환자일 경우 생리학적인 관점을 가진 상담자는 그 우울증 환자에게 항우울제 약을 줄지도 모른다. 또 어떤 상담자는 자신의 과거 경험과 무의식적 갈등을 다룰지 모른다. 그리고 어떤 상담자는 그를 둘러싸고 있는 가정, 친구들, 동료들이라는 시스템을 다룰지 모른다. 그리고 어떤 상담자는 우울증 환자를 하나님께 맡기고 기도할지 모른다. 그런가 하면 어떤 상담자는 그 우울증 환자를 위해 악령들과 싸울지도 모른다.123) 그러나 목회상담자는 무엇보다 총체적인 시각을 가지고 문제를 보는 것이 바람직하다.124)

우리가 세상을 어떻게 보고, 어떻게 생각하며, 어떻게 행동하고, 어떻게 상담하는지는 바로 이 관점(세계관)에 의해 영향을 받는다. 우리가 다른 사람들과 갈등을 갖거나 다른 견해를 갖게 될 때 그 갈등이나 견해의 차이는 종종 우리와 상대방이 서로 다른 관점을 갖고 있음을 반영한다. 우리가 아주 제한적이고 불분명한 관점을 가졌다면 우리의 상담사역은 그만큼 더 많은 어려움에 봉착할 것이다. 그렇지 못한 관점은 우리의 시야를 흐리게 하여 사물을 분명히 보지 못하게 한다.

---

123) Collins, 「기독교상담의 성경적 기초」, 19.
124) 엄예선, 「위기사역과 목회자의 자기관리」 (강의안, Fuller Theological Seminary, Spring 2004).

좋은 세계관이란 논리적이며, 경험이 뒷받침해 주며, 사실 또는 데이터가 밑받침해 준다. 그리고 삶의 현장에서 효과를 나타낸다.[125] 좋은 세계관은 다른 사람들의 관점과 일치한다. 그러나 다수의 의견이 항상 옳은 것은 아니다. 기독교상담자는 얼마든지 서로 다른 신학적 관점을 가질 수도 있고 서로 다른 상담 방법을 사용할 수도 있으며, 서로 다른 차원의 훈련과 경험을 가질 수도 있다. 그러나 그들은 모두 기독교 신앙의 기본적 진리를 수용한다. 이 기본 진리들이 기독교 세계관의 핵심을 이루며 기독교상담 및 다른 형태의 사람들을 돕는 일의 기초를 이루게 된다.[126]

제8절 목회상담은 어떤 과정을 거치는가?

힐트너가 "목회상담은 하나의 과정"[127]이라고 말한 것과 같이 목회상담은 내담자와 상담자 사이에 진행되는 면담의 과정이며, 상담에 있어서 그 진행 과정은 매우 중요하다고 할 수 있다. 왜냐하면 상담이 끝난 다음에 문제가 해결되는 것이 아니라 상담의 진행 과정에서 문제가 해결되는 것이며, 나중에는 문제의 해결을 확인하는 것뿐이기 때문이다.[128] 따라서 상담은 설교나 강의가 아니라 과정

---

125) Collins, 「기독교상담의 성경적 기초」, 20-22.
126) Ibid., 30-33.
127) Hiltner, *Pastoral Counseling*, 80.

이라는 것을 인식하지 못하는 한 최선을 다하는 상담자가
될 수 없을 것이다.129)

목회상담은 다음과 같은 과정을 거치게 된다.

첫째, 라포를 형성한다. 즉 상담자의 따뜻함과 이해와 돌봄을 통해
　　　상담자와 내담자 사이에 치유관계를 수립하고 발전시킨다.130)

둘째, 내담자는 상담자의 경청과 수용을 통해 고통스럽고 억압된 감
　　　정을 풀기 시작한다.131) 이때 상담자는 서두르거나 조급함을
　　　보여서는 안 된다.

셋째, 감정적인 접근을 시도한다. 이는 상실된 감정에 도화(導火)
　　　해 줌으로 본격적으로 상담을 전개하도록 해 준다.132)

넷째, 상담자는 내담자의 '내적인 준거틀'을 이해함으로써 그의 문제
　　　규명 방법을 이해하고 내담자의 자원들과 제한점을 이해한
　　　다.133)

다섯째, 상담자는 임시적 진단에 의하여 내담자를 지속적으로 상담해
　　　야 할 것인지, 또는 목회상담과 병행하여 전문가에게 의뢰할

---

128) 황의영, 「목회상담원리」, 205-208.
129) Narramore, *(The) Psychology of Counseling: Professional Techniques for Pastors, Teachers, Youth Leaders, and All Who are Engaged in the Incomparable Art of Counseling,* 37-39.
130) Collins, *Christian Counseling,* 29. 여기서 라포(rapport)란 '두 사람 또는 그 이상의 사람들 사이에 존재하는 상호 신뢰의 평안한 관계'를 의미한다. H. B. English and Ava C. English, *A Comprehensive Dictionary of Psychological and Psychoanalytical Terms,* 437. Collins, 「교회지도자를 위한 효과적인 상담」에서 재인용.
131) Allen E. Ivey and Lynn Simek-Downing, *Counseling and Psychotherapy: Skills, Theories, and Practice* (Englewood Cliffs: Prentice Hall, 1980), 27.
132) Foster, *The Handbook of Christian Counseling,* 39-44.
133) Clinebell, *Basic Types of Pastoral Care and Counseling: Resources for the Ministry of Healing and Growth,* 67.

것인지를 결정한다.

여섯째, 계속적인 상담에 합의할 경우 상담의 목표와 조건들을 분명히 해야 한다.

일곱째, 조기 종료를 감소시키기 위해서는 돕고자 하는 적극적인 관심을 표명해야 한다.

여덟째, 여러 번 만나서 상담하는 것이 왜 필요한 것인지를 설명해야 한다.

또한 현실적인 희망을 주며, 면담이 끝날 때마다 상담에 대한 느낌을 말하도록 하여 실망을 느꼈을 경우에는 그 실망을 표현하도록 한다. 그리고 내담자가 상담을 종료시키기 원할 경우 그러한 계획을 상담자에게 미리 알리도록 하며 상담에 대한 기대가 비현실적일 경우 이것을 서서히 교정시켜 주어야 한다. 면담 회수를 확정하여 상담 종료에 대한 계약을 맺는 것이 좋다.[134)

한편 1회 내지 5회 면접 상담, 즉 단기상담의 경우에는 다음과 같은 점을 고려할 필요가 있다.

첫째, 집중해서 듣고 나서 느낌을 나타내는 것이 좋다.

둘째, 문제의 핵심에 신속하게 초점을 모으기 위해 내담자에게 조심스럽게 질문을 하는 것이 좋다.

셋째, 내담자로 하여금 전체 문제를 살피도록 도와야 한다.

넷째, 내담자에게 유용한 정보를 제공해 주어야 한다. 예컨대 알코

---

134) Collins, 「교회지도자를 위한 효과적인 상담」, 59-60.

올중독을 우려하는 내담자에게 알코올중독의 예방에 대한 정보
를 제공해 주거나[135] 이미 알코올중독에 걸린 남편을 망신시
켜 음주를 끊게 하려는 아내의 쓸데없는 노력을 포기하도록
하기 위해 알코올중독의 치료법에 대한 정보를 제공해 주는
것이다.[136]

다섯째, 양자택일을 요하는 일에 있어서는 내담자 스스로 결단할 수
있도록 도와야 한다.

여섯째, 내담자로 하여금 '다음 단계'를 결정하도록 도와야 한다.

일곱째, 유용하다고 여겨질 때 치료 프로그램 등의 안내를 제공해야
한다.

여덟째, 내담자를 정서적으로 지원하고, 영감을 주어야 한다. 목회상
담자는 대결을 하지만 위로를 주며 도전을 하지만 동시에 돌
보아 주는 자이다.

아홉째, 단기상담이 적절하지 않을 때는 장기상담으로 옮겨야 한
다.[137]

　　이 모든 과정들이 이론상으로는 비교적 간단하고 단
순해 보일지 모르지만 실제 상담 과정은 매우 복잡하고
또 시간과 정력을 요구하는 일일 수도 있다. 그러나 상담
자는 문제들이 명확해지고, 해결책이 찾아지며, 상담이 종
결로 나아가면서 이 단계들은 순서가 앞뒤로 바뀔 수 있

---

135) Howard J. Clinebell, *Understanding and Counseling the Alcoholic*
(Nashville: Abingdon Press, 1968), 229-245.
136) Ibid., 220-224.
137) Clinebell, *Basic Types of Pastoral Counseling*, 88-92.

다는 것을 알아야 한다.[138] 그리고 상담자는, 내담자들은
각각 다른 문제들, 태도, 가치관, 기대, 또 경험들을 가지
고 있기 때문에 내담자마다 다소 다르게 접근해야 한다는
것과 사람마다 상담의 방향이 다르다는 사실을 잊지 말아
야 한다.[139]

제9절 목회상담의 독특성은 무엇인가?

목회상담자도 내담자의 정신적 결함을 해결하여 정상
적인 상태로 회복시키고자 노력한다는 점에서 일반상담과
같은 목적을 가지며, 대화를 통하여 이 목표에 도달한다
는 점에서 그 방법 또한 동일하다. 그러나 목회상담자는
일반상담과 심리치료를 행하는 다른 직업인에 비해 다음
의 몇 가지 점에서 독특성을 가지고 있다.[140]

첫째로, 목회상담의 목적이 영적 성장이라는 점에서
독특하다.[141] 폴 틸리히(Paul Tillich)는 정신분석은 인간
의 궁극적인 문제에 의문은 제기할 수는 있으나 그 대답
은 줄 수 없다고 본다.[142] 이처럼 세속 상담자는 근본적
인 문제가 무엇인지 발견하고 그 문제를 제기하는 것 이
상은 할 수 없다. 그러나 목회상담자는 궁극적인 문제의

---

138) Collins, *Christian Counseling*, 30.
139) Ibid., 29.
140) 박윤수, 「목회심리치료와 치유상담의 실제」 (서울: 라빠, 1996), 55.
141) Clinebell, *Basic Types of Pastoral Counseling*, 52.
142) 박윤수, 「목회심리치료와 치유상담의 실제」, 51.

해답 즉 하나님의 해답을 전할 수 있으며 하나님의 사랑
과 능력을 체험하지 않고는 해답을 찾을 수 없는 문제에
대한 하나님의 처방을 제시할 수 있다.143)

클라인벨(Howard J. Clinebell)은 상담자로서의 그의
독특성은 그의 훈련, 사회적 상징적 역할, 그가 마주하고
있는 환경, 그가 사용하는 어떤 도구들, 그리고 영적 성장
의 명백한 목표 등에서 온다고 하면서144), "목회상담의
독특성의 핵심은 우리의 신학적 목회적 유산, 지향성, 자
원, 지각이다. 이것이 우리의 표준틀이요, 우리의 특별한
전문 영역이다. 인격 교류적인 하나님의 영이 모든 실재
의 핵심이라는 지각이 우리의 상담을 포함하여 우리가 행
하는 모든 것에 심오하게 영향을 미칠 수 있어야 한다."고
말한다.145) 아울러 그는 "하나님은 우리의 삶 한 복판에
계시는 '초월'(beyond)이시다."라고 말한 본회퍼(Dietrich
Bonhoeffer)의 진술이 목회와 상담의 독특한 초점을 기술
하는 데 사용될 수 있다고 주장한다.146)

둘째로, 목회상담은 상담자와 내담자 위에 하나님이
친히 참여하시는 3자의 상담관계라는 점에서 독특성이 있
다.147) 목회상담자는 자신의 힘으로 무엇을 만들어 내는
사람이 아니라 하나님의 능력이 내담자에게 임하게 하는

---

143) Ibid., 51.
144) Clinebell, *Basic Types of Pastoral Counseling*, 49.
145) Clinebell, *Basic Types of Pastoral Care and Counseling: Resources for the Ministry of Healing and Growth*, 67.
146) Ibid., 67.
147) 박윤수, 「목회심리치료와 치유상담의 실제」, 52.

통로의 역할을 수행한다. 그렇기 때문에 목회상담자들은 '목회상담은 인간들만의 대화가 아니고 상담자와 내담자와의 대화 가운데 하나님이 개입하셔서 내담자의 문제해결을 적극적으로 도우신다.'고 믿는다.

셋째로, 목회상담은 상담자원이 독특하다.[148] 목회상담의 궁극적인 목표는 영적 성장이기 때문에 임상적인 지혜와 기술 외에도 영적 자원들을 사용한다는 데 그 독특성이 있다.[149] 힐트너는 기독교적 상담의 독특한 자원으로 기도, 성경, 교리, 성례전 등을 들었으며,[150] 클라인벨은 성서, 성례전, 기도 등의 도구 이 외에도 시간을 거쳐서 얻는 그의 전통에 관한 지식은 목회상담에 있어서 중요한 종교적 자원이 된다고 말한다.[151]

물론 목회상담자도 일반상담자가 사용하는 심리학적인 원리, 임상적 경험, 상담과 심리치료의 기법을 사용하고 훈련받아야 한다. 이러한 준비가 없이는 효과적으로 상담하기 어렵기 때문이다. 그러나 그것만으로는 근본적인 인간회복이 어렵다. 그렇기 때문에 목회상담에 있어서 가장 위험한 취약점은 신앙적 자원을 지나치게 많이 사용하거나 지나치게 사용하지 않는 것이라고 할 수 있다.[152]

넷째로, 목회상담은 그 상황과 환경에 있어서 독특하다.[153] 목회상담자는 교회공동체를 가지고 있다는 점에서

---

148) Clinebell, *Basic Types of Pastoral Counseling*, 51.
149) Hart, Gulbranson, and Smith, *Mastering Pastoral Counseling*, 15-24.
150) Hiltner, *Pastoral Counseling*, 187-226.
151) Clinebell, *Basic Types of Pastoral Counseling*, 51.
152) 박윤수, 「목회심리치료와 치유상담의 실제」, 53.

일반상담자들과 다르다고 할 수 있다. 목회상담자는 교회 공동체 안에서, 교회공동체를 대표해서, 교회공동체에 속한 개인들을 상담하며 돌본다.154) 그렇기 때문에 목회상담은 교회가 존재하는 한 반드시 행해져야 할 사역이다.155)

이관직은 목회상담은 교회의, 교회에 의한, 그리고 교회를 위한 사역이란 점에 있어서 독특성을 갖는다고 말한다.156) 또한 목회상담자는 그의 사명이 성도들을 양육하고 목양하는 것이기 때문에 언제든지 남녀노소, 빈부귀천을 막론하고 그들을 만나서 도와줄 수 있는 기회를 많이 가지고 있다는 점에서도 일반상담자들과는 다르다. 목사만큼 일 년 열두 달 자기 일을 지원해 주는 사람들이 주변에 있는 직업도 많지 않을 것이다. 따라서 목사는 상담 사역을 통해서 비인간화된 사회의 외로운 사람들이 서로의 욕구를 충족시켜 주는 따뜻한 그룹에 속해 있음을 발견하는 교량이 될 수 있는 것이다.157)

다섯째로, 목회상담의 치유 대상은 병이 아니라 사람이라는 점과 인간을 전인의 차원에서 본다는 점에서 독특하다. 목회상담은 어떤 증상이나 병을 치료하는 데 그치지 않고 그 사람 자체를 치유한다. 예수님께서는 혈루병

---

153) Clinebell, *Basic Types of Pastoral Counseling*, 50.
154) 오성춘, "목회상담은 어떤 특성을 갖는가," 기독교사상편집부 편, 「한국교회를 위한 목회상담학」 (서울: 대한기독교서회, 1998), 283.
155) 오성춘, "새 시대의 한국교회와 목회상담의 과제에 관한 연구,"
Online: ftp://210.101.116.17/kiss7/t02c1277.pdf.
156) 이관직, "목회상담의 정체성," 32.
157) Clinebell, *Basic Types of Pastoral Counseling*, 50-51.

여인을 치유하실 때 그녀의 병을 고쳐 주셨을 뿐 아니라 그녀 자체를 치유해 주셨다(참조. 막 5:25-34).[158] 그런 가 하면 예수님은 인간을 영과 혼과 육체의 통합체로 보셨다. 예컨대 예수님께서 네 명의 친구가 데리고 온 중풍병자에 대하여 "너의 죄가 사해졌다."(참조. 막 2:1-12; 마 9:1-8; 눅 5:18-26)라고 하셨을 때, 예수님은 환자의 중풍이 그의 죄에 기인한 것으로 보셨던 것이다.[159]

여섯째로, 목회상담자는 하나님의 뜻과 방법에 따라 상담을 수행한다는 점에서 독특하다. 일반상담자는 내담자의 문제에만 초점을 맞추지만, 목회상담자는 내담자에게 향하신 하나님의 계획과 역사하심이 무엇인지 알기 위해 힘쓴다. 그리고 내담자를 보기 전에 먼저 하나님을 바라보고 내담자를 하나님과 기독교 공동체와의 관계 속에서 치료한다는 점에서 독특하다고 할 수 있다.

일곱째로, 목회상담자는 내담자에게 있어서 하나님의 역사하심을 상징하고 있다는 점에서도 독특하다. 이 독특성 때문에 내담자는 다른 상담자에게는 할 수 없는 독특한 기대를 할 수 있다. 이것은 그 누구도 감히 할 수 없는 고유의 권한이며 능력이다.[160]

여덟째로, 목회상담은 고난의 의미를 신학적으로 올바로 해석해 주며, 내담자가 문제를 해결해 가는 과정에서 더욱 성화하도록 돕는 역할을 한다는 점에서도 독특하

---

158) 박윤수, 「목회심리치료와 치유상담의 실제」, 54.
159) Ibid., 54-55.
160) Ibid., 56.

다.161)

제10절 목회상담은 어떤 유형들이 있는가?

목회상담의 유형은 다음과 같이 분류할 수 있다.

첫째, 예방적 상담이다. 이는 문제가 일어나기 전에 예측하여 문제가 일어나지 않게 예방하거나, 현존하는 문제가 악화되는 것을 막아 주는 상담으로서,162) 특히 성충동이 늘어나는 청소년, 대학입시를 앞두고 있는 고등학생, 입대를 앞둔 젊은이, 결혼이나 은퇴 준비를 하는 사람들에게 필요한 상담이다.163)

둘째, 지원적 상담이다. 이는 곤경에 빠진 사람들에게 힘과 안정을 되찾아 문제를 대처할 수 있도록 위로와 소망을 심어 주고 힘과 용기를 불어넣어 주는 상담을 말하는데,164) 이 지원적 상담은 내담자의 신앙생활의 유지, 위안과 위로, 신앙의 강화를 위한 상담으로서 위기상담도 포함된다.165) 한편 내담자나 그의 가족이 사고를 당하거나 중병에 걸리는 등 우발적인 위기를 당한 경우와 결혼, 은퇴와 같은 발달 단계의 변화에 따르는 소위 정상적인

---

161) 엄예선, 「한국교회와 가정사역」, 398.
162) Collins, 「교회지도자를 위한 효과적인 상담」, 64.
163) Howard J. Clinebell, *Growth Counseling* (Nashville: Abingdon, 1979), 64-65.
164) Collins, 「교회지도자를 위한 효과적인 상담」, 61.
165) 김재술, 「목회상담의 이론과 실제」, 34.

위기를 경험하는 사람들에게 이 지원적 상담이 필요하다고 할 수 있는데,[166] 내담자가 상황을 객관적으로 보도록 도와주고, 고난 뒤에 오는 유익에 대해 말해 주면 좋다.

셋째, 교육적 상담이다.[167] 이는 내담자와 함께 필요한 정보를 발굴하거나 내담자가 정보를 찾도록 도와주고 내담자에게 정보를 제공하는 상담으로써,[168] 단지 지식을 전달하는 데 그 가치가 있는 것이 아니라 상담 기술과 예민성을 활용함으로서 내담자로 하여금 자신의 특별한 삶의 상황을 건설적으로 대처하기에 타당한 지식을 이해하고 평가하며 응용하도록 도와주는 상담을 말한다.[169] 이 교육적 상담은 결혼 전 상담, 직업상담 및 신학과 성경에 대한 질문들에 대한 교육도 포함되는데,[170] 클라인벨은 교육과 상담은 원래부터 하나로 연결되어 있다고 본다.[171]

넷째, 영적 상담이다. 이는 문제를 명료화하여 신학적인 문제에 대한 해답을 찾게 하며, 영적으로 성장하는 법을 가르쳐 주는 상담으로서, 이 영적 상담에서는 불신앙, 의심, 혼동의 문제들, 무의미, 목적의식의 결핍, 그리고 하나님을 알고 싶어 하는 욕망 등에 대해 다루어 줄 수 있다.[172]

---

166) 사미자, "현대 사회와 목회상담,"
167) Fred J. Greve, *Pastoral Counseling a Study Guide* (Brussels: ICI, 1985), 154-165.
168) Collins, 「교회지도자를 위한 효과적인 상담」, 63.
169) 김재술, 「목회상담의 이론과 실제」, 34-35.
170) 사미자, "현대 사회와 목회상담,"
171) Clinebell, *Growth Counseling*, 63.
172) Collins, 「교회지도자를 위한 효과적인 상담」, 65.

다섯째, 치유상담이다. 치유상담이란 심층상담 또는 일종의 정신요법을 말하는데 역사적으로 카리스마적 병 고침, 악령 추방, 기름 부음 등으로 불렸다. 이 치유상담 은 사람들이 상호 만족스런 관계를 유지하는 데 방해가 되는 표면적인 성격장애를 제거하려는 것으로서 내담자의 감추어진 감정과 내적 갈등, 억눌린 어렸을 때의 기억들 을 발견해 내어 다룸으로서 내담자의 인격에 깊은 변화를 가져오게 할 목적으로 장기간 도와주는 과정이라고 할 수 있다.173)

여섯째, 대결적 상담이다. 이는 내담자의 죄의 고백, 죄의 용서, 죄의식에 대한 문제를 다루며 초자아 상담, 실 존적 상담(하나님과의 화해) 등이 여기에 속한다. 이 대결 상담은 인간관계나 하나님과의 관계를 재수정할 것을 모 색하도록 하는 화해상담의 한 유형으로 볼 수 있다.174)

일곱째, 위탁상담이다. 이는 내담자를 다른 상담자에 게 의뢰하는 상담으로서, 극심한 우울증, 자살충동을 가진 사람, 장기적 상담을 요하는 사람, 의학적인 치료를 필요 로 하는 사람, 법률적인 문제를 가진 사람 등을 전문기관 에 의뢰하는 상담이다.175)

---

173) 김재술, 「목회상담의 이론과 실제」, 33.
174) Ibid., 35.
175) Collins, 「교회지도자를 위한 효과적인 상담」, 66.

제3장

한국 대형교회들은 이렇게 상담하고 있다

　　본 장에서는 한국 대형교회들의 목회상담 현황을 살펴보고 분석함에 있어서 먼저 한국교회에서의 목회상담의 필요성과 한국교회에서의 목회상담의 발전 역사를 살펴보고자 한다. 그리고 한국교회에서 목회상담사역이 비교적 활성화되어 있는 여의도순복음교회상담소, 한밀교회상담소, 지구촌교회상담소, 사랑의교회상담소, 온누리교회상담실, 영락교회 상담부, 안산동산교회 동산가정상담실, 주안장로교회상담소 등 여덟 개 교회에서 실시하고 있는 목회상담을 살펴보고자 한다.

제1절 왜 목회상담이 필요한가?

오늘날 한국교회에서의 목회상담이 필요한 이유는 한국사회 전체가 하나의 병리 현상을 보여 주고 있기 때문이다. 예컨대 차량의 증가와 이에 따른 교통사고율의 증가, 환경 파괴와 오염, 실직률의 증가 등으로 인한 스트레스가 불신자들뿐만 아니라 성도들에게도 알게 모르게 엄습해 오고 있는 현실이 한국교회에서의 목회상담의 필요성을 한층 더 고조시키고 있는 것이다.[176]

오성춘도 2000년대의 한국사회의 변수들[177]은 인간가치와 삶의 자세 등에 많은 영향을 미쳐서 인간상실, 친밀관계 단절, 가치 진공, 희망상실, 생존권의 위기 시대를 만들 수 있을 것이기 때문에 2000년대의 한국사회는 상담적인 치유와 돌봄, 그리고 목회상담을 통한 영적 가치의 회복 등이 필요한 시대가 될 것이라고 주장한다.[178]

한국교회에서의 목회상담이 필요한 또 한 가지 이유는 내담자들에게 성경적인 바른 가치관을 심어 주어야 하기 때문이다. 일반상담(세속적 상담)은 '증상을 제거'하는 데 목적을 두고 있다. 예컨대 정신과의사 중에는 '심한 우

---

176) Adams, 「성공적인 목회상담」, 24.
177) 오성춘은 다음의 항목을 '2000년대의 한국사회의 변수들'이라고 주장한다. 첫째, 테크놀로지의 발달과 대량생산체제 및 소비사회가 가속화될 것이다. 둘째, 숨은 설득자로 가득한 세대가 될 것이다. 셋째, 우선순위가 뒤틀린 시대가 될 것이다. 넷째, 가공할 만한 폭력의 시대가 될 것이다. 다섯째, 핵무기의 공포 속에서 살게 될 것이다. 여섯째, 자원 약탈과 자연 파괴의 시대가 될 것이다. 참조. 오성춘, "21세기 한국사회와 목회상담의 과제," 498-501.
178) 오성춘, "21세기 한국사회와 목회상담의 과제," 514.

울증'을 치료하기 위해 '외도'라고 권하는 경우도 있다. 그러나 우울증 치료를 위해 외도를 하는 경우 일시적으로 우울증이 치료될 수도 있으나 이는 성경에 어긋난 가치관이기 때문에 또 다른 문제, 즉 죄책감이나 가정파괴 등의 후유증을 야기하게 된다.[179] 따라서 성경적인 바른 가치관에 의거한 목회상담이 반드시 필요하다. 그러므로 향후 한국교회가 주님으로부터 받은 사명을 잘 감당하기 위해서는 돌봄의 목회나 상담목회에 더욱 관심을 기울여야 할 것이다.

조용기는 여의도순복음교회상담소에서 아가페전화 20주년을 맞이하여 발행한 「순복음상담 치유와 회복의 발자취」라는 기념 책자의 권두언에서 다음과 같이 말하고 있다.

> 오늘날 최첨단 정보화 사회를 살아가는 이 시대의 신앙과 삶은 매우 복잡하며 위기에 봉착해 있습니다. 목회도 삶에 구체적인 관심을 갖고 신앙이 생활화 되게 해야 성장하고 성숙하므로 심방목회에서 상담목회로 전환해야 하는 때입니다. 따라서 상담을 통하여 위기를 극복하는 힘과 예방하는 힘을 공급하고 영과 육과 범사에 새로운 가능성을 제시하고 순복음적인 총체적 상담과 훈련이 전반적으로 강화되어야 할 것입니다.[180]

---

179) 엄예선, 「목회 가정상담」.
180) 여의도순복음교회 상담국 아가페전화 20주년 기념집 편찬위원회 편, 「순복음 상담 치유와 회복의 발자취」, 3.

박노권도 향후 한국교회에서의 목회상담의 필요성에 대하여 다음과 같이 말하고 있다.

> 2000년대를 시작하면서 사람들은 새로운 목회 모습에 대해 많은 이야기를 하지만, 역시 사람의 마음이 변화한다는 것은 무엇보다 중요한 것이므로 목회상담 분야는 목회에서 더욱 큰 관심을 받게 되리라고 생각한다. 특히 교회성장 위주의 목회에서 이제 개인에 대한 관심이 커지는 오늘날 상담은 목회에 있어 점점 중요한 위치를 차지하고 있는 것이 현실이다.[181]

그런가 하면 심상권은 오늘날 한국교회에서 목회상담학 분야가 절대적으로 필요하다고 강조한다. 그 이유는 첫째로, 한국교회 성도들이 교회 안과 밖에서 직면하고 고심하고 있는 문제와 고민들은 교리나 신학적인 문제가 아니라 바로 인간적인 문제라고 할 수 있기 때문이라는 것이다. 이 인간의 문제 속에는 헤아릴 수 없는 여러 가지 인간적인 고뇌들이 포함되어 있으며, 바로 이 인간적인 문제들을 연구하며 그 치유책을 교육하는 학문이 목회상담학이라는 것이다.[182]

한국교회에서 목회상담학 분야가 절대적으로 필요한 두 번째 이유는 교회 안에도 날이 갈수록 심리적 상처에

---

181) 박노권, "2001년 목회와 상담,"
182) 심상권, "현대 목회상담이론 형성과 그 과제", 기독교사상편집부 편, 「한국교회를 위한 목회상담학」 (서울: 대한기독교서회, 1998), 381.

시달리고 있는 사람이나 정신질환적 고통에서 헤매고 있는 성도들을 우리 주변에서 쉽게 찾아볼 수 있는 것이 오늘날 한국교회의 사정이기 때문이라는 것이다.[183] 그는 이러한 인간의 고뇌와 고통 속에서 시달리고 있는 성도들을 효율적으로 목회하며 치유할 수 있도록 도움을 줄 수 있는 학문이 곧 목회상담학 분야라고 주장한다.[184]

위에서 각기 언급한 주장들은 모두 향후 한국교회에서의 목회상담이 더욱 절실히 필요하다는 것을 말해 준다. 그동안 한국교회의 신학적 전통 속에서는 보수신학과 자유주의신학의 논쟁이 교파적 성격을 띠고 진행되어 왔기 때문에 신학적 에너지의 대부분은 교리 논쟁으로 소모되었다. 그 결과 기독교 신앙을 탐구하는 이론 신학은 활발하게 전개되었으나, 성도들의 생활을 다루는 실천신학은 목회에 수반되는 기술 정도로 얕잡아 보게 되었다. 특히 바르트의 신정통주의 신학이 압도했던 1940년대와 1950년대에는 하나님의 타자성(otherness)과 초월성이 강조된 만큼 인간의 유한성과 제한성이 강조되어 감히 인본주의적 심리학의 틀을 가지고 신인(神人)관계를 논의하거나 목회의 문제를 풀어가는 것을 바람직하지 못한 것으로 여기게 되었다.[185]

그러나 이제 한국교회의 상황도 달라지고 있다. 급격한 사회변동과 경제성장, 그리고 문화적 충격과 정신질환

---

183) Ibid., 381.
184) Ibid., 382.
185) 이기춘,, "한국교회와 상담목회의 실천방향", 85.

의 증가, 저항적 의식 표출과 갈등의 심화, 자기주장과 민주적 의사결정의 욕구 등이 다발적으로 나타나고 있는 것이다. 이러한 급격한 변동은 자연적으로 적응과 부적응, 갈등과 고뇌, 그리고 투쟁과 굴욕과 같은 문제들을 야기시키기 때문에 치료적 패러다임을 도입하게 만든다. 즉 상담적이고 치료적인 문화와 언어가 사회를 진단하고 이해하는 압도적인 개념이 된다는 뜻이다.186)

'그리스도인도 자살할 수 있는가?'라는 질문에 우리는 어떻게 대답할 수 있겠는가? 사실 예수 그리스도를 구주로 믿는 사람이라면 자살할 수 없다. 왜냐하면 하나님께서는 분명히 자기 백성들에게 "살인하지 말라"(출 20:13)는 계명을 주셨는데, '자살'이란 자기가 자신을 살인하는 행위이기 때문이다. 그러나 그리스도인들 중에도 우울증으로 시달리는 사람들이 있고, 이것이 심해지면 자살을 기도하기도 하며, 더러는 목숨을 잃기도 한다. 신앙생활을 하는 성도들에게도 이러한 마음의 갈등과 우울증을 갖게 되는 것은 피할 수 없는 삶의 현실이라고 할 수 있다.187) 따라서 오늘날 한국교회가 목회현장에서 이러한 성도들이 갖는 문제에 대해서 관심을 가지고 도와주는 것 역시 매우 중요한 일이라고 할 수 있다.

목회상담학은 실천신학의 한 분야로서 교회에서 중요한 위치를 고수해야 함에도 불구하고 수년 전까지만 하더

---

186) Ibid., 83.
187) 박노권, "2001년 목회와 상담,"

라도 한국교회에서 상담학이 차지하는 자리는 실로 미흡했던 것이 사실이다. 그 결과 한국교회 내에서 발생하는 문제들이 단순히 말씀에 대한 지식만으로는 감당할 수 없는 상태에까지 이르게 되었다.

  설교가 대중 앞에서 하나님의 말씀을 선포한다면 목회상담은 개인적으로 대화를 통하여 말씀을 선포하는 것이라고 할 수 있다. 즉 목회자가 설교를 통해 성도들에게 문제를 제기하여 죄를 깨닫게 하는 역할을 하는 것이라면, 목회상담은 그 찔림 받은 이를 돌보고 치료하는 역할을 하는 것이라고 할 수 있다.[188] 그런데 근래에는 한국교회에서 목회상담에 대한 열기가 한층 고조되어 있는 상황이어서 적지 않은 목회자들이 일반대학이나 신학교에서 상담을 공부하고 있는데 이는 매우 고무적인 현상이라고 할 수 있다.

제2절 한국교회의 목회상담은 어떻게 발전되어 왔는가?

  한국 대형교회들의 목회상담 현황을 살펴보고 분석함에 있어서 먼저 한국교회의 목회상담의 역사와 발전을 살펴보는 것이 좋을 것으로 생각된다.

  데비스(Dawis)는 "상담의 역사는 길지만 상담학의 역사는 짧다."[189]고 했는데, 목회상담도 그 역사는 길지만

---

188) Adams, 「성공적인 목회상담」, 24.

목회상담학의 역사는 짧다고 할 수 있다. 하나님의 부르심을 받은 사역자들이 구약과 신약성경에서, 그리고 교회 역사를 통해 목회상담사역을 해 왔지만 그것이 하나의 학문으로 시작된 것은 채 1세기도 되지 못했기 때문이다.[190) 그러면 한국교회 목회상담의 발전 역사는 어떤가? 이에 대해 이장호는 다섯 단계로 본다.[191)

첫 번째 단계는 '도입과 혼란의 시기'로서, 1952년에 중고등학교 교도 교사의 강습으로부터 상담심리학이 시작되었으며, 로저스(Carl R. Rogers)의 비지시적 상담이론이 주로 소개되었다.

두 번째 단계는 '모색기'라고 할 수 있는데, 이는 1950년대 후반부터 1960년대 후반까지를 말한다. 이때 각종 심리검사가 개발되었다.

세 번째 단계로는 '전문성 확립을 위한 노력기'로서, 1970년대 초반부터 1980년대 초반까지를 말한다. 이때는 상담의 불필요론과 상담의 무용론이 대두되어 반성의 기회를 가지면서 인본주의적 입장과 행동주의적 입장 등이 소개되었다. 또한 이때부터 이화여대(1972년)와 서울대(1975년)에서 상담 전공이 시작되었다. 그리고 1972년에는 한국심리학회 내에 임상심리분과가 창립되어 1973년부터 전문자격증 제도도 실시하게 되었다.

---

189) 이장호, 「상담심리학」 (서울: 박영사, 1996), 8. 홍인종, "한국 목회상담의 동향과 전망(초안),"에서 재인용.
190) 홍인종, "한국 목회상담의 동향과 전망(초안),"
191) 이장호, 「상담심리학」, 22-27. 홍인종, "한국 목회상담의 동향과 전망(초안),"에서 재인용.

　　네 번째 단계로는 '상담의 확산기'라고 말할 수 있는
데, 이는 1980년대 초반부터 말까지를 말한다. 예컨대
1981년에는 '사랑의 전화'가 설립되었으며, 1983년에는
'한국청소년연맹 청소년상담실'이 세워지게 되었다. 그리
고 1984년에는 'YMCA 청소년 성교육 상담센터'가 세워졌
으며, 1984년에는 '한국여성개발원 상담실'이 설립되었다.

　　마지막 다섯 번째 단계는 '전문성 확립기'로서, 1990
년대 이후를 말한다. 1990년 이후부터 현재까지 상담심리
및 심리치료학회, 가족치료학회 등이 상담치료사, 전문가,
감독 등의 임상훈련 및 자격증을 제도화하면서 각종 전문
상담치료 센터가 세워지고 있는 중이다.

　　한편 홍인종은 한국교회 목회상담의 발전 역사를 다
음과 같이 세 단계로 본다.[192] 홍인종은 먼저 1960년부터
1970년대를 한국교회 목회상담의 태동기라고 말한다. 그
이유로는 1950년 후반부터 목회상담학을 강의한 분들이
있었을 뿐만 아니라 실제로 1960년대에 들어서면서부터
목회상담학이 어느 정도 학문으로서 소개되었기 때문이라
는 것이다.[193] 예컨대 1965년도에 와이즈(Wise)의 책이
「목회상담」이란 제목으로 번역되었으며, 1976년에는 힐
트너의 책을 마경일이 번역하여 「목회 카운슬링」을 소
개하였다. 그리고 1978년에는 반피득의 「목회상담개론」

---

192) 홍인종, "한국 목회상담의 동향과 전망(초안),"
193) 홍인종은 이때 연세대에서 목회상담학 교육을 지도한 외국 선교사 리어로프
　　(Van Lierop) 박사와 로저스(Carl R. Rogers)의 책을 번역한 한승호 등이 초창
　　기에 공헌한 것으로 본다.

이 출간되었고, 같은 해 신학교재출판사에서는 「간추린 목회상담학」을 출간하였다. 이때 목회상담 방법론으로는 주로 로저스의 이론이 소개되었다.

홍인종은 한국교회 목회상담의 발전 역사의 두 번째 단계를 1980년대로 본다. 이때는 다양한 상담이론들이 소개되었으며 상담을 가르치는 신학교들이 등장한 목회상담학의 발전기로 볼 수 있다. 이 시기에 아담스(Jay E. Adams)의 책들이 주로 소개되었으며, 그 후 크랩(Larry Crabb), 클라인벨 등이 소개되었다. 또한 1986년에 코리(Gerald Corey)의 책이 번역되어 소개되었으며, 신학교 강의실에서 일반상담 교재가 등장하게 되었다.

그리고 1980년대 후반기로 접어들면서 콜린스(Gary R. Collins)를 중심으로 한 책들이 소개되었는데 이때부터 '크리스천 상담'이라는 용어를 자주 사용하게 되었다. 그뿐만 아니라 이때부터 각 신학교에 상담 전공 교수들이 확충되면서 목회상담 전공자들이 배출되기도 헸다. 또한 콜린스의 제자인 정동섭과 클라인벨의 제자인 이종헌 등에 의해 그들의 책이 소개되었는데, 그 즈음 콜린스와 클라인벨이 각각 한국을 방문하게 되어 많은 관심을 불러일으키기도 했다.194)

홍인종은 한국교회 목회상담의 발전 역사의 세 번째 단계를 1990년대 초기로 본다. 즉 1990년부터 1995까지를 목회상담의 주체성(identity) 확인기로 보는 것이다. 이때

---

194) 홍인종, "한국 목회상담의 동향과 전망(초안),"

는 목회상담의 무분별한 세속 상담학 수용에 대한 우려와 함께 심리학의 위험성을 지적한 「기독교 속의 미혹」이라는 책과 콜린스의 「신학과 심리학의 통합 전망」이라는 책, 그리고 「왜 그리스도인이 상담을 받아야 하는가?」 등의 책이 공존한 시기이다. 이때 미국과 유럽 등에서 상담학을 공부한 사람들이 목회상담에 대한 다양한 접근들을 속속 우리나라에 소개하면서 목회상담이란 무엇인가에 대한 성찰이 필요하게 되었던 것이다.

　　나아가 1992년에는 박근원을 중심으로 목회상담협회가 창립되었으며, 가정의 붕괴가 늘어나면서 결혼과 가정에 대한 관심이 높아져 교회에서의 가정사역을 목회상담의 한 분야로 여기게 되었다. 1995년 이후 현재에 이르기까지는 각 신학대학을 중심으로 목회상담 전문대학원이 늘어나고 있는 추세이다. 이와 같은 현상이 목회상담협회에서 추진하는 자격증 제도와 맞물려서 지금은 전문 목회상담사 자격증에 대한 관심이 높아지고 있는 시기이기도 하다. 또한 1980년대 후반부터 있어 왔던 그리스도인 정신과의사들을 중심으로 한 기독교상담에 대한 관심이 고조되면서 1999년에는 기독교상담심리 및 치료학회 등이 발족되기도 했다.[195]

---

195) Ibid.

제3절 한국 대형교회들은 이렇게 상담하고 있다

1. 여의도순복음교회상담소[196]

1) 설립 동기 및 목적

(1) 설립 동기[197]

1958년에 창립한 여의도순복음교회는 창립한 지 3년 만에 성도 수가 6백 명이 되었고,[198] 1970년대 후반에도 교회성장은 그치지 않아 자연히 교회에 나오는 미혼남녀도 많아지게 되었다.[199] 따라서 1978년 2월에 '순복음결혼상담소'를 창립하게 되었다. 이후 결혼문제 뿐만 아니라 가정문제까지도 상담하러 오는 성도가 점점 많아지게 되어 1979년에는 순복음결혼상담소의 명의를 '순복음결혼상담소 및 가정문제상담소'로 변경하게 되었고 이로부터 3년 후에는 법률상담소도 세우게 되었다.[200]

---

196) 이는 필자가 여의도순복음교회상담소 소장인 이상윤 목사와 2005년 8월 24일과 9월 22일 두 번에 걸쳐 소장 사무실에서 인터뷰한 내용을 근거로 작성한 것이다.

197) 여의도순복음교회 상담국 아가페전화 20주년 기념집 편찬위원회 편, 「순복음상담 치유와 회복의 발자취」, 25-27.

198) 조용기, 「설교는 나의 인생」 (서울: 서울말씀사, 2005), 93.

199) 현재 여의도순복음교회상담소의 결혼상담실에는 약 2,000명의 회원이 등록되어 있어서 연평균 10쌍 정도가 성혼되고 있다.

200) 이후 여의도순복음교회상담소는 장족의 발전을 거듭하여 현재는 신앙상담실, 아가페전화상담실, 청소년상담실, 인터넷상담실, 결혼상담실 등 5부서가 있으며, 7명의 교역자와 약 110명의 자원봉사자가 상담사역에 힘쓰고 있다.

(2) 설립 목적

여의도순복음교회는 하루가 다르게 급변하는 정보화 시대에 살면서 사회에 제대로 적응하지 못하고 심리적 갈등과 신앙문제, 가정문제, 대인관계 등 여러 가지 문제로 어려움을 겪는 성도들로 하여금 오순절 신앙에 입각한 치유목회적 관점에서 문제를 해결하고 신앙이 성장될 수 있도록 도움을 주기 위해 상담소를 설립하게 되었다.[201]

2) 조직 및 2005년 사업 목표

(1) 교회 조직에서의 상담소의 위치

여의도순복음교회상담소는 교회 내 복지사업국에 소속되어 있다.

(2) 조직

상담소장을 비롯하여 5명의 교역자가 상담사역을 담당하고 있으며, 지도장로를 비롯하여 4명의 운영위원이 있다. 그 외에도 3명의 행정간사가 상담사역에 동참하고 있다.

(3) 2005년도 사업 목표

2005년 사업 목표는 상담교육과 가정상담을 강화하는

---

201) Online: http://yfgc.fgtv.com/include/openwindow.asp?IFrameSrc=http://counsel.fgtv.org.

것이다.202)

3) 각 상담실 운영 실태203)

(1) 아가페전화상담실

아가페전화상담실은 100명 이상의 훈련받은 자원봉사
자들이 인생의 모든 문제를 신앙 안에서 상담해 주고 있
으며, 세미나를 통하여 상담자들뿐만 아니라 상담에 관심
을 갖는 분들에게 유익을 주고 있다.

(2) 신앙상담실

당회장 조용기 목사가 성도 한 사람 한 사람을 개인
적으로 만나 그들이 지니고 있는 문제를 함께 나누고 풀
어나가는 것이 어려우므로, 신앙상담실에서는 성도들의
신앙문제와 가정, 자녀, 이성문제 등 일상생활 전반에서
발생하는 여러 문제들을 신앙 안에서 해결할 수 있도록
돕고 있다.

(3) 인터넷상담실

인터넷상담실은 인터넷을 연결고리로 하여 사람들이
가지고 있는 갈등, 아픔, 그 밖의 문제들을 함께 나누는

---

202) 가정상담 강화를 위해 '대화학교'와 'Happy Love Love'(만남 주선 프로그램),
   그리고 '결혼예비학교' 프로그램을 각각 봄과 가을에 두 차례 실시하는 등 '결혼
   상담소 역할'을 활성화하고 있다.

203) Online: http://yfgc.fgtv.com/include/openwindow.asp?IFrameSrc=http:
   //counsel.fgtv.org.

곳으로, 이 메일 및 비공개 게시판으로 비밀상담을 할 수 있으며 사이버상담 외에도 팩스나 서신으로도 상담을 받고 있다.

(4) 결혼상담실

결혼상담실에서는 가정생활에 관한 전반적인 상담과 함께 결혼 적령기에 도달한 남녀 그리스도인들에게 예수 그리스도 안에서 올바른 배우자를 만날 수 있도록 주선해 주고 있다. 뿐만 아니라 결혼 후에 발생할 수 있는 많은 가정문제를 예방하여 줌으로, 복된 가정생활을 할 수 있도록 하기 위해 'Happy Love Love'(크리스천 미혼 남녀들의 행복한 만남)란 프로그램을 운영하고 있다.

(5) 청소년상담실

청소년상담실에서는 자녀를 이해하기 위한 부모상담을 가장 중요하게 여기고 있으며, 이를 위해 부모와 자녀의 성격검사, 그리고 부모의 자녀 양육태도 및 자녀의 학습유형 관계를 통한 상담을 하고 있다. 자녀의 문제를 상담하기 위한 내용으로는 성격유형검사, 진로 및 직업선택, 이성문제, 비행, 음주, 흡연, 약물 남용, 도벽, 가출, 폭력, 친구 관계, 신앙, 정서 및 성격적인 모든 문제를 개인상담과 가족상담으로 실시하고 있다.

4) 위탁상담

'성폭력 관련 기관'에 위탁상담을 하는 경우가 종종 있다.

5) 당회 지원

여의도순복음교회상담소는 현재 당회로부터 교역자 6명과 신학생 사역자 1명의 인원을 지원받고 있다. 또한 연간 2,700만원의 예산204)과 약 70평의 장소를 지원받고 있는데 앞으로도 효과적인 내방상담을 위한 장소 리모델링에 소요될 비용과 상담소 내 교역자들의 상담 전문교육을 위한 교육비 지원이 필요하다. 뿐만 아니라 보다 효과적인 목회상담을 위해 앞으로도 더 많은 예산 지원을 필요로 하고 있다.

6) 자원봉사자 현황 및 교육

자원봉사자는 아가페전화상담실에 약 100명, 결혼상담실에 약 7명, 청소년·인터넷 상담실에 약 4명 정도가 봉사하고 있으며, 교육은 분기마다 하나의 주제를 선정하여 실시하고 있다.

7) 상담 통계

여의도순복음교회상담소에서는 2005년의 경우 1월부터 8월말까지 신앙상담 2,091건, 인터넷 및 청소년상담

---

204) 2005년에는 5,000만 원을 추가 지원받았다.

1,053건, 결혼상담 5,882건, 전화상담 6,736건 등 총 15,762건의 상담을 했다.

8) 향후 프로그램 운영 계획

(1) 프로그램 측면
① 상담교육 강화
② 전문교육 강화 : 전문인 양성 교육에 전력할 계획이다.
③ 결혼상담 : 결혼상담소에서 주관하는 '결혼예비학교' 프로그램을 이수한 사람에 한해서 본교회 목사의 주례를 받을 수 있도록 추진할 계획이다.
④ 가족상담 강화 : '부부학교'를 단계별로 운영할 계획이다.
⑤ 2003년 이후 중단된 '효과적인 부모역할 훈련'을 부활할 계획이다.
⑥ 내방상담을 확대할 계획이다.

(2) 행정적인 측면
① 상담과 교육 파트를 분리하여 운영할 계획이다.
② 상담소 교역자들에게 더 많은 전문교육의 기회를 주기 위해 재정적 지원을 확대할 계획이다.
③ 본 상담소에서 실시하는 각종 상담교육 시 외부 강사를 줄이고 내부 강사를 활용할 계획이다.

④ 인터넷 상담이 꾸준히 증가하는 추세이므로 효과적인 인터넷 상담을 위해 교회 내 인터넷방송국 또는 정보통신선교회와 연계하여 홈페이지를 새롭게 단장할 계획이다.

9) 상담소의 특징

여의도순복음교회상담소의 특성은 비교적 오랜 역사[205]와 많은 인적 자원[206]을 가지고 있는 것이라고 할 수 있다. 특히 아가페전화상담실에는 100여 명이 넘는 자원봉사자들이 1년 365일 하루도 쉬지 않고 팀워크를 이루어 전화상담봉사를 하고 있는 것이 그 특징이다. 나아가 상담교육 프로그램을 지속적으로 활성화하고 있다.

2. 한밀교회상담소[207]

1) 설립 동기 및 목적

(1) 설립 동기

한밀교회는 심수명 목사가 제자훈련을 목적으로 1990년 10월 창립하였으나 얼마 있지 않아 제자훈련의 한계성

---

205) 여의도순복음교회상담소는 1978년부터 2005년 현재까지 약 27년의 역사를 지니고 있다.
206) 교역자 7명 및 자원봉사자 약 110명
207) 이는 필자가 2005년 9월 6일 한밀교회 본관 3층 목양실에서 심수명 목사와 인터뷰한 내용을 정리한 것이다.

을 느끼고, 1994년부터 상담목회를 목적으로 다시 교회를 시작하게 되었다.[208] 당시 심 목사는 '한국교회는 전통적으로 교회의 기본 사명을 안으로는 예배와 교육과 교제로 보며, 밖으로는 선교와 전도라고 보는 경향이 있다. 그러므로 한국교회는 성도들을 사랑으로 돌보고 양육하여, 자신이 하나님으로부터 받은 사명을 감당하도록 돕는 사역이 잘 안 되고 있다. 그 결과 깨어진 가정과 교회가 많다.'라고 판단했다. 따라서 심수명 목사는 한국교회의 약점을 보완하여 이 시대의 바른 교회상을 제시해야겠다는 동기를 가지고 상담소를 설립하게 되었다.

(2) 설립 목적

한밀교회상담소는 사람을 세우고 가정을 세워 미래의 지도자를 양성하기 위해 세워졌다. 즉 개인문제, 부부 갈등, 가족 및 자녀문제, 인간관계 문제 등으로 고민하는 분들을 기독교적인 관점에서 돌보아 줌과 동시에 전문상담자를 양성하기 위한 목적으로 세워졌다.

2) 조직 및 2005년 사업 목표

(1) 조직

소장 심수명 목사와 부소장 유근준 교수를 비롯하여

---

208) 한밀교회는 상담목회를 실시한지 약 10년 만에 출석 성도 600여 명(2004년 말 통계 장년 300명, 교회학교 300명)의 교회로 성장하였다.

사무총장, 전임간사, 협력간사 2명이 상담자로 사역하고 있으며, 그 외에도 한 분의 고문과 전문상담자, 교수, 변호사 등으로 구성된 약 6명의 자문위원이 있다.

(2) 2005년도 사업 목표

① 한국교회와 한국사회를 섬기기 위해 장기 발전 방향 수립 및 실시

② 한밀교회를 지원하는 사역 강화

③ 상담자를 위한 임상훈련과 인턴, 레지던트 훈련을 통해 전문상담자 양성

④ 체계적이고 다양한 홍보를 통한 프로그램의 외부 참여자 확대

⑤ 새로운 프로그램 개발을 통한 질적인 수준을 계속 높이기

3) 상담 프로그램

(1) 상담 및 치료
① 개인상담

혼자서 해결하기 어려운 문제들을 전문상담자와 일대일 만남을 통하여 해결하는 과정으로써 숨어 있는 잠재력을 발견하고 개인적 성장을 촉진하는 기회가 된다. 개인의 문제는 어느 것이든 원하기만 하면 자유롭게 상담을 받을 수 있다.

② 부부상담

부부간의 갈등 및 성격이나 가치관의 차이 등으로 인한 부부문제를 상담을 통해 해결하도록 도와준다. 또한 부부간에 알아야 할 것들에 대해 교육함으로써 더욱 친밀하고 성숙한 관계로 발전해 가도록 도와준다.

③ 가족상담

가족은 혈연으로 이어진 식구들이 함께 살고 있는 것 이상의 의미를 지닌다. 가족은 그 나름대로의 힘과 흐름과 규칙이 있는 하나의 체계로서 한 구성원의 문제는 전체 가족의 문제이다. 가족의 구성원 중 한 명의 문제가 가족 전체와 연결되어 있는 경우에 가족 시스템과 의사소통 유형 방식, 가족의 분화 정도 등을 고려하면서 가족상담이 이루어진다. 처음에는 부부나 부자, 모자간의 상담으로 시작되다가 점차 전 가족이 상담받기도 하고 관련 당사자들만 상담받기도 한다.

④ 집단상담

전문가와 함께 자신과 유사한 문제를 가진 여러 사람들이 모여 서로를 이해하고 공감하며 문제를 해결해 나가는 과정이다. 여기에는 사랑의 관계를 위한 집단상담, 참만남 집단, 건강한 나를 찾아서, 청소년 진로 탐색, 집단 치유와 성장 모임, MBTI 워크숍 등 다양한 과정으로 구성되어 있다.

(2) 임상훈련
① 감수성 훈련

이 훈련의 특징은 다음과 같다. 첫째, 직면 중심으로 훈련함으로써 자신이 미처 알지 못했던 자신의 모습을 발견하게 된다. 둘째, 자신에 대한 왜곡된 생각을 철저하게 검증 받을 수 있다. 셋째, 강한 자아상을 갖게 됨으로 자신감이 생긴다. 넷째, 상담자로서의 감수성을 향상시키도록 하는 것이 주목적이다.

② 집단 심리치료

이는 자신이 미처 인식하고 있지 못하는 문제들을 전문가의 도움을 통해 발견하고 치유하도록 돕는 실험장으로써, 치료뿐 아니라 상담자로서의 임상을 쌓는 종합 임상훈련장이다. 나아가 집단의 경험을 통하여 인간의 제 모습을 경험할 수 있는 학습의 장이다.

③ 슈퍼비전

전문상담자로 활동하기 원하는 자의 수련 과정으로 2년 과정의 인턴과 1년 과정의 레지던트 과정을 두고 있다. 상담연구소에서 근무하면서 일을 돕고 훈련도 함께 받으며 자신의 개인상담 및 집단상담 인도에 대한 분석을 받는다.

④ 심리검사
A. 성인 심리검사

MMPI(다면적 인성검사), MBTI(성격유형검사), EGOGRAM(자아상태 진단검사) 등을 실시한다.

B. 아동 심리검사

아동을 대상으로 지능검사, 그림검사, 문장완성검사를 실시한다. 부모를 대상으로 접수 면접과 함께 행동평가척도검사, 아동용 인성검사를 실시한다. 검사 결과는 부모와 상담자의 1:1 해석 상담을 통해 구체적이고 깊이 있는 도움을 주게 된다.

⑤ 사이버상담

면 대 면 상담이나 집단상담 등 상담실을 찾아올 수 없는 사람들을 위하여 공개와 비공개 사이버상담이 마련되어 있으며 인턴과 레지던트들이 원장이나 부원장의 슈퍼비전을 받고 답변을 해 주고 있다.

⑥ 기타

그 외에도 코치 양성 과정(IFC 국제코칭연합), 전문상담자(국제신학대학원 상담학과정), 가정사역자(하이패밀리 가정사역 아카데미)를 양성하는 일에 연계하여 사역하고 있다.

⑦ 위탁상담

한밀교회상담소에서는 내담상담의 경우 매년 10여 건 정도 위탁하며, 전화상담의 경우는 주 3-4회 정도 위탁한다. 위탁하는 기관은 주로 목회상담협회, 한국기독교상담심리학회, 한국복음주의기독교상담학교 등 한밀교회상담소와 관련 기관이다. 한편 심수명 목사는 정신과의사인 세브란스 병원 이성훈 박사나 상담 전문 동역자들에게도 위탁하고 있다.

4) 당회 지원

한밀교회상담소는 현재 당회로부터 부원장 1명과 목사 1명, 그리고 전임 직원 2명을 지원받고 있으며, 연간 1억 원 정도의 예산과 약 100평의 공간을 지원받고 있는데[209] 앞으로도 보다 효과적인 상담사역을 위해 상담 시설을 확충하고[210] 인재 양성에 힘쓸 수 있기 위한 지원이 필요하다.

5) 자원봉사자 현황 및 교육

다세움교육원의 자원봉사자는 성폭력·가정폭력 상담사 과정 수료자와 인턴상담사로 구성된다. 현재 성폭력·가정폭력 상담사 과정을 수료한 사람 중 자원봉사를 희망한 사람은 15명이고, 성폭력·가정폭력 상담사는 월 1회 보수 교육을 하고 있으며, 주 1회 8시간 자원봉사를 실시하고 있다. 인턴 훈련을 받고 있는 인턴 상담사는 10명으로 월 1회 상담 수퍼비전 모임과 월 2회 자체 스터디, 월 2회 생활 감수성 등을 통해 교육하며 주 2회 12시간 자원봉사를 실시하고 있다.

---

209) 출석 성도 600명 정도의 교회에서 상담사역에 이 정도의 지원을 하고 있다는 것은, 이 교회가 상담사역을 그만큼 중요시 하고 있다는 것을 말해 준다.
210) 향후 40-50억 정도의 상담센터를 증축하여 교회가 상담센터를 임대해서 쓰게 할 예정이다.

6) 향후 프로그램 운영 계획

(1) 프로그램 측면

한밀교회상담소에서는 문제가 있을 때 상담을 받지 않고 스스로 문제를 해결할 수 있는 프로그램을 계발하는 중에 있다. 이를 위해 매년 한밀교회 성도들 중에서 리더 20여 명을 선정하여 여름캠프를 통해 임상교육을 실시하고 있다. 이때 피드백을 통해 발견된 문제점을 수정하고 다시 국제신학대학의 학생들을 통해 몇 년 동안 임상을 거친 후 한국교회에 적용할 수 있도록 할 계획이다.

(2) 행정적인 측면

향후 3년 안에 상담소와 교회를 현재보다 5배 정도 크게 증축하여 지역사회와 한국교회를 도울 예정이다. 이때 청청 시스템을 도입함으로 학교와 교회, 그리고 상담소가 서로 유기적인 관계를 가지고 효과적으로 사역하게 할 계획이다.

7) 상담소의 특징

한밀교회상담소는 인격회복과 전인치유사역에 초점을 두고 있다. 예컨대 중증문제를 가진 사람에 대해서는 평생 동안 돌보아 주어야 하는데, 한밀교회상담소에서는 그보다는 조금만 도와주면 회복될 수 있는 개인과 가정을 돕는 데 초점을 두어 사역하고 있는 것이다.

3. 지구촌교회상담소[211]

1) 설립 동기 및 목적

(1) 설립 동기

1993년에 창립한 지구촌교회는 분당성전이 설립되기 전까지 수지성전에서 여 전도사 한 분이 '크리스천가정상담소'라는 명칭으로 상담소를 운영하고 있었는데, 이 사역을 보다 확대하고 확고히 하기 위해 2003년 분당성전에 '글로벌상담소'를 설립하게 되었다. 즉 성도들의 삶 속에서 어긋난 관계(자녀, 시부모 등)를 치유하고, 결혼예비학교, 젊은 부부학교, 신혼 부부학교 등을 통해 가정문제를 예방하고 교육하기 위해 설립하게 되었다. 뿐만 아니라 목자(셀 리더)들에게 상담에 대한 오리엔테이션(지도자 훈련)을 하기 위해 상담소를 설립하게 되었다.[212]

(2) 설립 목적

우리 시대를 가르쳐 포스트모던 시대라고 일컫는다. 이 시대의 한 특성은 질서가 깨어지고 파괴를 경험하는 시대이다. 가정이 파괴되고 관계가 깨어지는 소리가 요란하다. 따라서 어떤 시대보다도 회복을 필요로 하는 시대

---

211) 이는 필자가 2005년 9월 13일 지구촌교회 분당성전 상담소 소장실에서 소장 나희수 목사와 인터뷰한 내용을 정리한 것이다.
212) 이를 위해 특별히 외부에 홍보하지는 않았으며 지구촌교회 출석 성도 2만여 명에게만 홍보했다.

이다. 지구촌교회는 이런 시대적 요청에 부응하여 글로벌 상담소를 설립하게 되었다.

2) 조직

(1) 교회 조직에서의 상담소의 위치
지구촌교회상담소는 교회 내 목양원에 소속되어 있다.

(2) 조직
지구촌교회상담소에는 소장 나희수 목사를 비롯하여 백유현 목사와 약 17명의 상담자가 사역하고 있다.

3) 연혁
2002년 3월 나희수 목사가 부임하면서부터 치유, 예방, 교육을 중심으로 집단, 면접 상담사역을 실시하고 있다.

4) 위탁상담
위탁상담을 하는 경우는 월 5-10회 정도이며, 주로 로뎀신경정신과 이만호 교수, 연정신경과 이성훈 교수, 송탄정신과 차준구 장로 등에게 위탁한다. 한편 위탁상담을 받은 경우는 월 5회 정도이다.

5) 교회 지원

글로벌상담소는 현재 교회로부터 상담 전문 교역자 1명과 전문상담사 2명, 그리고 풀타임 간사 1명의 인원을 지원받고 있으며, 상담교육을 위한 외부 강사비를 포함하여 상담사역 지원비로 소용되는 년간 3,200만원 정도의 예산을 지원받고 있다.[213] 또한 약 50평의 장소를 지원받고 있으며, 향후 교회로부터 특별히 지원받기 원하는 것은 없다. 다만 교회 자체에 있는 인력 자원을 상담사역을 위해 활용하기 원한다.

6) 자원봉사자 교육

비정기적으로 외부 전문상담자를 통해 교육하고 있다.

7) 상담 통계

2005년 8월의 경우에는 60-70건 정도의 상담을 했는데, 2006년 2월의 경우에는 120여건 정도의 상담을 하는 등 상담 건수가 점차로 증가하는 추세이다.

8) 향후 프로그램 운영 계획

(1) 프로그램 측면

첫째로, 1966년부터 미국에서 사용하고 있는 TJTA(전문상담 자료)[214]를 도입하여 활용할 계획이며 둘째로, 예

---

213) 결혼예비학교의 경우는 자체 회비 3,000만 원으로 운영되고 있다.

비부부 및 기혼부부상담 프로그램을 활성화할 계획이다. 셋째로, 미취학 아동을 둔 부모를 위한 자녀교육 프로그램을 실시할 예정이다. 한편 2006년 4월 하순부터 6월 말까지 총 10주 동안 수요일 오전에 교회의 핵심 멤버들인 목자들(Cell Leaders, 약 1,500명)에게 상담훈련을 할 예정이다.

(2) 행정적인 측면

현재 별로 부족함을 느끼지 않기 때문에 특별한 계획이 없다.

9) 상담소의 특징

첫째, 상담소 출입이 자유롭다. 둘째, 전화, 셀 리더 및 교역자 추천 등 상담 신청 방법이 다양하다. 단 셀 리더가 추천한 경우 제1순위로 상담한다. 셋째, 외부 불신자는 ARS를 통해 상담이 가능하고, 타교회 성도는 전화로 상담이 가능하다. 넷째, 불신자가 상담을 요청할 경우는 무조건 상담에 임한다. 한편 담임목사인 이동원 목사와 수석 부목사인 유영익 목사가 모두 상담을 전공한 것도 지구촌교회상담소가 갖는 하나의 특징이라고 할 수 있을 것이다.

---

214) 이는 성격 때문에 대인관계에서 부딪치는 문제들을 해결하는 데 사용하는 도구로써, MBTI보다 더 구체적으로 성격을 분석할 수 있다.

4. 사랑의교회상담실[215]

1) 설립 동기 및 목적

(1) 설립 동기

1991년 3월 당시 사랑의교회 당회장이던 옥한흠 목사가 직접 필요성을 느껴서 상담 전문 목사를 초청하여 상담소를 설립하게 되었다.[216] 이 사역을 효과적으로 하기 위해 주보, 브로슈어, 인터넷, 구역 담당목사님들을 통해 홍보했다. 상담사역을 시작한지 14년이 지난 지금은 전문 상담자가 8명으로 증가되었으며, 현재 상담 예약이 3-5개월 정도 밀려 있는 상태이기 때문에 앞으로도 계속 전문 상담자를 충원해야 할 정도로 좋은 결과를 낳게 되었다.

(2) 설립 목적

상담사역의 필요성에 대한 시대적 요청과 함께 교회의 중점 사역 중 하나인 '치유목회'의 목표에 부응하기 위해 설립하게 되었다.

---

215) 이는 필자가 2005년 9월 14일 사랑의교회 본관 402호실에서 오영란 상담실장과 인터뷰한 내용을 정리한 것이다.

216) 현재 상담소 책임자로 있는 오영란 실장은 당시 평신도로서 1999년 9월에 합류하여 상담사역을 하게 되었다. 한편 2004년 1월 위임한 오정현 목사는 주일예배, 제자훈련, 치유사역에 중점을 두어 목회하고 있다. 즉 가르치고, 전파하고, 치유하는 사역(참조. 마 4:23)에 중점을 두고 있는 것이다.

2) 조직 및 2005년 사업 목표

(1) 교회 조직에서의 상담소의 위치

사랑의교회상담소는 치료하는 사역부에 소속되어 있다.

(2) 조직

사랑의교회상담소에는 오영란 상담실장을 비롯하여 황규명 협동목사와 6명의 상담사가 사역하고 있다.

(3) 2005년도 사업 목표

1991년에 설립된 사랑의교회상담소에서는 내담자에게 보다 효과적, 전문적, 영적으로 돕는 사역을 하려는 것을 2005년도 사업 목표로 정하고 사역에 전력하고 있다.

3) 상담실 운영 실태

(1) 개인상담 및 가족치료

사랑의교회상담실은 8명의 상담사가 면담상담과 심리검사를 하고 있으며 필요하면 다른 전문가들에게 의뢰한다.

(2) 사이버상담실

사랑의교회 사이버상담실에는 약 13명의 상담사가 사역하고 있다.

4) 당회 지원

사랑의교회상담소는 현재 교회로부터 상담실장 1명과 상담사 7명을 지원받고 있다. 또한 연간 2,000만 원의 예산 지원과 상담실 3개를 지원받고 있는데, 내담자들이 상담을 받기 위해 1-2개월 정도를 기다리고 있는 형편이기 때문에 상담사 인원 보충 및 상담 장소 확장을 위한 지원이 더 필요한 실정이다.

5) 상담실 자원봉사자 현황

사랑의교회상담실에는 자원봉사자가 없다. 왜냐하면 전문가들이 상담을 하고 있기 때문이다.

6) 상담소의 특징

사랑의교회에서는 상담소를 운영함에 있어서 상담사들의 전문성과 영적 성숙도를 제1순위로 하고 있다. 따라서 상담사 모두가 상담을 전공한 사람들이며 영적으로도 성숙한 사람들로 구성되어 있다. 한편 면담상담은 본 교회에 출석하는 성도들을 대상으로 실시하고 있으며, 사이버상담은 해외에 거주하는 성도들이나 믿지 않는 사람들을 대상으로 실시하고 있다.

5. 온누리교회상담실(로뎀의 집)[217]

1) 설립 동기 및 목적

(1) 설립 동기[218]

그리스도인은 신뢰감이나 문제해결 면에서 심리학자나 정신과의사를 찾는 것을 주저하며 먼저 목회자를 찾는다.[219] 그런데 온누리교회는 성도의 수가 급속도로 늘어남에 따라 여러 가지 상황에서 목회자들이 상담을 요청하는 성도들을 만족시키기 어렵게 되었다. 또 상담의 적지 않은 내용들은 굳이 전문가의 개입까지 필요하지 않은 문제들로서 기초적인 상담훈련을 마치고 인격이 건전하고 기본적인 영성과 소명의식을 가진 사람들이라면 상담적인 도움을 줄 수 있다고 보게 되었다. 따라서 교회가 치유와 긍휼 등의 은사를 가진 평신도들을 활용한다면 목회자가 사역하는 몇 배 이상으로 결실을 거두리라 보게 되었다. 이와 같은 동기로 1999년부터 평신도 상담사역을 시작하게 되었다.

---

217) 이는 필자가 2005년 11월 3일 온누리교회 선교관 지하 1층 로뎀의 집에서 김혜례 상담 실장과 인터뷰한 내용을 정리한 것이다.

218) Online: http://file.cgntv.net/sub.asp?mode=view&idx=194&gubun=0408&gotopage=1&Search_type=&search_andOr=&search_Keyword=&sort_num=1

219) Collins, *Helping People Grow*, 10.

(2) 설립 목적220)

상담실 '로뎀의 집'은 교회의 기능 중 화해, 인도, 지탱, 치유사역을 돕고 지원하는 기관으로, 도움을 요청하는 개인 및 공동체에 적절한 도움을 주고, 관계 속에서 상처와 소외된 사람들에게 치유를 경험하게 하며, 하나님의 화해와 사랑을 관계 안에서 경험하도록 돕고, 자존감 회복을 통해 진정한 자아 및 창의성을 회복하게 하여 개인과 공동체의 건강 유지와 성장에 도움을 주기 위해 설립하였다.

2) 조직 및 2005년 사업 목표

(1) 조직

온누리교회상담실에는 목회상담학을 전공한 담당목사 1명과 담당장로 1명, 그리고 풀타임 스텝 2명(실장과 총무)과 일일 사역자 11명, 그리고 특수 상담자 6명으로 구성되어 있다.

(2) 2005년도 사업 목표

상담자 교육 강화 및 전 성도를 대상으로 가정, 용서, 자아 정체성, 자존감 찾기 등의 프로그램에 집중하는 것을 목표로 하고 있다.

---

220) Online: http://file.cgntv.net/sub.asp?mode=view&idx=194&gubun=0408&gotopage=1&Search_type=&search_andOr=&search_Keyword=&sort_num=1

3) 위탁상담 및 특별 행사

월 5회 정도 상계백병원, 연대 전우택 교수 등에게 위탁하고 있으며, 연 2회 전 성도를 대상으로 가정, 용서, 자아 정체성, 자존감 찾기 등의 특별 세미나를 실시하고 있다.

4) 당회 지원

온누리교회상담실은 당회로부터 유급 상담자 2명과 무급 봉사자 11명을 지원받고 있으며, 연간 800만 원의 예산과 약 30평의 장소를 지원받고 있다. 그러나 현재 지하에 있는 상담실 위치를 향후 지상으로 이전하기를 원하고 있으며 교회 안에서 상담사역에 더 비중을 두기를 소망하고 있다.

5) 상담 통계[221]

온누리교회상담실에서는 2004년도에 전화상담 1,063 건과 면접상담 1,357건의 상담을 했다.

6) 향후 프로그램 운영 계획

현재는 개인, 부부상담에 비중을 두어 상담을 하고 있는데 향후 집단상담에도 힘쓸 계획이다. 또한 현재 지하에 있는 상담소 위치를 지상으로 이전할 수 있도록 힘쓸

---

221) 이는 필자가 온누리교회상담실장 김혜례 권사와의 인터뷰(2005년 11월 3일 온누리교회 선교관 지하 1층 로뎀의 집)에서 자료를 얻은 것이다.

계획이다.

7) 상담실의 특징

온누리교회상담실의 특징은 평신도들이 상담사역을 하고 있기 때문에 신학적으로는 약할 수 있지만 내담자들이 부담 없이 상담실을 찾을 수 있다는 것이다. 또한 내담자들에게 상담할 수 있는 시간을 충분히 할애하고 있는 것과 타 교회 성도들도 상담실을 이용할 수 있기 때문에 지방에서도 면담상담을 하러 오는 경우가 많다는 것도 온누리교회상담실의 특징이라고 할 수 있다.

6. 영락교회 상담부[222]

1) 설립 동기 및 목적

(1) 설립 동기[223]

1945년에 창립된 영락교회는 1980년대에 접어들면서 교세가 계속 신장되어, 제직회 조직에도 많은 변화가 있게 되었다. 따라서 1984년부터 종전의 전도부를 전도1부와 전도2부로 나누어 각각 국내전도와 해외선교를 맡아보게 하

---

222) 이는 필자가 2005년 10월 9일 영락교회 봉사관 3층 상담소장실에서 김휘현 상담부 지도목사와 터뷰한 내용을 정리한 것이다.
223) 영락교회 상담부 편, 「영락상담 20주년 기념백서」 (서울: 영성문화사, 2004), 32-33.

였는데 이때 제직회 내에 상담부도 신설하게 되었다.

(2) 설립 목적[224]

영락교회 상담부는 믿음과 삶의 여정에서 가정과 직장과 교회에서 뜻하지 않은 일들과 사람들로 인해 상처받고 가슴 아파하는 이들을 돕고자 만들어졌다.

2) 조직 및 2005년 사업 목표

(1) 조직

영락교회 상담부에는 김휘현 담당목사를 비롯하여 2명의 교역자와 간사 1명, 그리고 차장, 서기, 부서기, 회계로 구성되어 있으며, 그 외에도 전화상담자, 정보상담자(결혼, 직업), 전문상담자(정신건강, 법무, 교통사고, 세무, 경제 금융, 만성 난치병 등), 사이버상담자 등이 상담부 사역에 동참하고 있다.

(2) 2005년도 사업 목표
① 상담자 교육 강화
② 기존상담자 월 1회 연수 교육
③ 전화상담자 대상 소그룹 강화

---

224) Online: http://www.youngnak.net/.

3) 각 상담실 운영 실태

전화상담으로는 신앙, 가족, 부부, 이성(성), 사회생활, 정보제공 등의 사역을 하며, 목회상담사역으로는 신앙, 신앙정보, 가정상담을 한다. 또한 정보상담사역으로는 결혼 중매와 직업소개 등의 사역을 하고 있다. 그리고 전문상담으로는 교통사고상담, 금융경제상담, 정신장애자 및 가족을 위한 모임, 만성 난치병 완화 상담, 법무 행정상담, 세무상담, 정신건강상담, 사이버정신건강상담, 심리성격검사 등을 한다.

(1) 사이버상담

사이버상담실에서는 신앙정보상담(성경, 교리, 사례), 신앙상담, 가정상담, 정신건강상담, 결혼상담, 직업상담, 가족사랑 나눔 등을 실시하고 있다.

(2) 위탁상담

월 12회 정도하는데, 내부적으로는 영락교회 내 정신과의사에게 하고 있으며[225] 주별로 정신건강상담봉사를 하고 있으며, 외부적으로는 가족치유전문가에게 의뢰하고 있다.

---

225) 상담부에는 영락교회에 출석하고 있는 3명의 정신과의사가 주별로 정신건강 상담봉사를 하고 있다.

4) 특별 행사

2003년과 2004년에 새문안교회와 협력하여 미혼남녀의 맞선을 주선한 적이 있었으나 효과는 그리 크지 않았다.

5) 당회 지원

영락교회상담소는 현재 당회로부터 교역자 3명과 간사 1명, 그리고 행정 자원봉사자 3명을 지원받고 있다. 또한 연간 4,500만 원의 예산과 약 45평의 장소를 지원받고 있다.

6) 상담부 자원봉사자 교육[226]

(1) 평신도 상담교육

상담에 관한 기초 지식 습득을 통해 평신도 지도자의 계속 교육과 가족관계 신앙상담에 대한 이해의 장을 마련하는 데 상담교육의 목적이 있으며, 관계훈련, 인간발달, 상담이론, 성격과 신앙, 이상심리, 환경과 인간, 인간 이해와 언어, 말하기와 듣기, 가정과 상담, 호스피스, 성숙한 노년, 성격과 상담, 영성과 상담, 목회상담 등에 대해 교육한다.

(2) 연수 교육

상담자의 지속적인 교육을 위한 상담사례 연구와 상

---

226) Online: http://www.youngnak.net/.

담 전문지식 습득을 위한 목적으로 연수 교육을 실시하며, 교육 내용은 심리와 상담, 영성과 상담, 성경과 상담, 성장과 상담, 문화와 상담, 가족과 상담 등이다.

(3) 상담자 양성 실습 교육

기독교상담, 신학과 심리학, 정신역동과 상담, 인지상담, 심리검사, 청소년상담, 중년, 노년상담, 부부상담, 결혼상담, 우울증과 상담, 유족, 죽음상담, 현실적응과 상담, 성장상담, 해결중심 단기상담, 전화상담 등에 대해 교육한다.

(4) 소그룹 상담교육

영적 성장, 자기성장, 현실적응, 상담지도, 미술치료 등에 대해 교육한다.

7) 상담 통계

영락교회 상담부에서는 2005년 9월의 경우 일반상담 327건, 전문상담 173건을 실시하여, 9월까지 누계 일반상담 2,813건, 전문상담 1,156건의 상담을 실시했다.

8) 향후 프로그램 운영 계획

(1) 프로그램 측면
① 전화상담자들의 전문성을 향상시키고자 한다.

② 전화상담의 전문화를 추진하고자 한다.[227]

(2) 행정적인 측면

각종 프로그램에 참여할 인원 모집이 어려우므로 다수 지향적 프로그램보다 소수 지향적 프로그램을 개발하고자 한다.

9) 상담부의 특징

전화상담,[228] 법률상담, 세무 및 교통사고상담 등이 잘되고 있으며, 일반병원에서 치료가 잘 안 되는 난치병이 치료되는 경우가 많다.[229]

---

227) 영락교회 상담부를 지도하는 김휘현 목사는, 현재 한국교회는 상담사역을 백화점식으로 운영하는 경향이 있기 때문에 시간과 인력과 재정적인 면에서 낭비하는 경우가 많다고 지적하고, 한국교회 전체가 네트워크를 형성하는 것이 필요하다고 주장한다. 예컨대 청소년문제, 노인문제, 가정폭력 등의 문제를 각 분야별로 사회복지기관들과 연계하여 깊이 있게 돌보는 상담의 전문화가 필요하다는 것이다.

228) 영락교회에서는 전화 2회선을 가지고 1일 3교대로 전화상담을 하는 봉사자가 약 150명이나 된다.

229) 이는 한방전문의가 상담부에서 봉사하고 있기 때문이다. 그러나 영락교회 상담부에서는 향후 영적, 심리적 치료에 집중하기 위해 2006년부터는 난치병 상담을 의료선교회로 이관할 계획이다.

7. 안산동산교회 동산가정상담실230)

1) 설립동기 및 목적231)

(1) 설립동기

1979년 창립한 안산동산교회가 날로 성장하게 되자 자연히 교회 안에 결혼 적령기의 남녀 청년들도 많아지게 되었다. 이를 바라보던 이재순 사모는 이들이 주님 안에서 아름다운 가정을 이루었으면 하는 간절한 마음을 갖게 되었고, 이러한 이재순 사모의 꿈이 결혼 중매로 이어지게 되어 1992년 결혼상담실을 설립하게 된 동기가 되었다. 그 후 1999년에 다시 한 번 가정을 행복하게 세우는 것을 목표로 하는 가정사역을 하기 위해 상담실의 명칭을 '동산가정상담실'로 개칭하게 되었다.

(2) 설립목적

교회 내 성도들의 다양한 삶의 문제를 해결하는 데 도움을 줄 목적으로 '동산가정상담실'을 설립하게 되었다.

---

230) 이는 필자가 2005년 11월 8일 안산동산교회 본당 1층 상담실에서 상담실 총무인 김명애 권사와 인터뷰한 내용을 정리한 것이다.
231) 이는 상담실 총무인 김명애 권사와의 인터뷰(2005년 11월 8일 안산동산교회 본당 1층 상담실)에서 자료를 얻은 것이다.

2) 조직 및 2005년 사업 목표

(1) 교회 조직에서의 상담소의 위치

안산동산교회 가정상담실은 교회 내 사회복지국에 소속되어 있다.

(2) 상담소 조직[232]

안산동산교회상담실은 고문(김인중 목사), 상담실장(이재순 사모), 총무(김명애 권사), 회계(이경필), 간사(박정해)를 비롯하여 상담부, 교육부, 음악부, 탁아관리부, 도서부, 홍보부, 결혼중매부, 가정사역부, 행복한 부부세미나부 등으로 구성되어 있다.

(3) 2005년도 사업 목표

안산동산교회상담실은 2005년도에 상담사역의 전문화 및 사역확대의 목표를 가지고 있다.

3) 각 상담실 운영 실태

(1) 크리스챤 상담학교[233]

안산동산교회 동산가정상담실의 크리스천상담학교에서는 상담과 상담자, 삶의 주기와 인성발달, 청소년 심리

---

232) 이는 상담실 총무인 김명애 권사와의 인터뷰(2005년 11월 8일 안산동산교회 본당 1층 상담실)에서 자료를 얻은 것이다.
233) Online: http://mentor.d21.org/fa/chr.htm.

이해, 중·노년기 심리 이해, 심리구조와 방어 기재, 상담
자의 자기이해 등에 대해 교육한다.

(2) 집단상담[234]

안산동산교회 동산가정상담실의 집단상담에서는 감수
성 훈련, 대인관계와 정신역동, 자아성장 등에 대해 교육
한다.

(3) 심리검사[235]

심리검사로는 성격유형검사, 진로검사, 태도검사, 지
능검사 등을 실시한다.

4) 위탁상담

안산동산교회 동산가정상담실에서는 월 5회 정도 위
탁상담을 하는데, 위탁상담을 하는 상담기관은 주로
YMCA 아동상담소, 빈첸시오 가족지원 상담센터, 한빛아
동센터, 안산시 청소년상담실, 고대병원 정신과, 임동수
신경정신과, 윤신경 정신과, 천일천 법무사, 김근철 변호
사, 박준연 변호사, 김병옥 세무사, 박향효 근로자 노동문
제, 이철연 단원구 민원봉사 과장, 한국회복사역연구소(고
병인) 등에 위탁한다.[236]

---

234) Online: http://mentor.d21.org/fa/gr.htm.
235) Online: http://mentor.d21.org/hap/inh.htm.
236) 이는 상담실 총무인 김명애 권사와의 인터뷰(2005년 11월 8일 안산동산교회 본
    당 1층 상담실)에서 자료를 얻은 것이다.

5) 당회 지원

안산동산교회 동산가정상담실은 현재 당회로부터 실장, 총무, 간사, 찬양인도자 각 1명씩과 세 명의 전문상담사를 지원받고 있다. 또한 연간 4,000만 원의 예산과 약 25평의 장소를 지원받고 있다. 그러나 상담사역의 활성화를 위해 향후 전문상담사를 더 확충하고 전문상담사에게도 정당하게 예우할 수 있도록[237] 당회의 지원이 필요한 실정이다.

6) 상담소 자원봉사자 현황[238]

안산동산교회 동산가정상담실에서 봉사하는 인원은 다음과 같다. 상담부 16명, 교육부 10명, 음악부 6명, 탁아관리부 23명, 도서부 2명, 홍보부 9명, 결혼 중매부 4명, 가정사역부 3명, 행복한 부부세미나 53명 등 약 120명이다.

7) 상담 통계

안산동산교회 동산가정상담실에서는 2005년 10월의 경우 일반상담심리 상담 통계 155건, 심리검사 14건, 법무 상담 16건, 결혼 중매 10건을 했다.

---

237) 현재 전문상담사에게 교통비 정도의 예우만 하고 있는 실정이기 때문에 상담실에서는 이들에게 당회에서 정당한 예우를 해 주기를 원하고 있다.

238) 이는 상담실 총무인 김명애 권사와의 인터뷰(2005년 11월 8일 안산동산교회 본당 1층 상담실)에서 자료를 얻은 것이다.

8) 상담소 향후 프로그램 운영 계획

(1) 프로그램 측면

개인상담 및 집단상담을 더욱 활성화하고 전문화하며, 그 영역을 확대할 계획이다. 또한 교육을 세분화하고 확대할 계획이다.

(2) 행정적인 측면

보다 효과적인 상담사역을 위해 전담간사를 확충하고 각종 물품 보관용 창고와 탕비실, 그리고 컴퓨터와 필요한 자재를 마련할 계획이다.

9) 상담소의 특징

안산동산교회 동산가정상담실의 특징은 첫째로, 처음에는 결혼상담실로 미약하게 시작하였으나 상담사역의 영역이 점점 더 확대되고 활성화되고 있다는 점이다. 둘째로, 안산동산교회가 제자훈련으로 성장하다가 셀 교회로 전환하여 성장하는 데 상담실의 역할이 컸다는 것이다.[239] 셋째로, 상담사역을 통해서 건강한 가정을 세우게 되었기 때문에 교회도 건강하게 성장할 수 있었다는 것이다.[240]

---

239) 성도들이 상담소에서 섬기는 법을 배워서 셀 사역의 현장에서 적용하였기 때문에 교회가 건강하게 성장할 수 있도록 긍정적인 영향을 끼칠 수 있었던 것이다.
240) 담임목사가 강단에서 가정의 소중함을 역설하면, 상담소에서는 가정의 소중함에 대해 구체적으로 교육하고 훈련하였기 때문에 성도들의 가정뿐만 아니라 교회도 건강하게 성장할 수 있었던 것이다.

8. 주안장로교회상담소[241]

1) 설립 동기 및 목적

성도들이 교역자들에게 자신의 문제를 솔직하게 털어놓고 상담하기를 꺼려하는 경향이 있기 때문에 상담사를 양육하여 성도들의 문제해결을 돕거나, 상담교육 프로그램을 통해 성도들이 스스로 문제를 해결하는 데 도움을 주기 위해 상담소를 설립하게 되었다.

2) 조직 및 2006년 사업 목표

(1) 조직

주안장로교회상담소에는 원장 나겸일 목사를 비롯하여 담당교역자 2명과 위원장, 교육부장, 찬양부장, 봉사부장, 중보기도부장, 회계, 반주자, 방송시스템 담당자, 학사 당담자, 간식 담당자 등으로 구성되어 있다.

(2) 2006년도 사업 목표

성폭력, 가정폭력 등의 예방과 치료를 위해 구청의 허가를 받아서 상담소를 설립할 계획이다.[242]

---

241) 이는 필자가 주안장로교회 부목사인 류헌형 목사와 2006년 4월 29일 방송회관 (서울 목동 소재) 1층에서 인터뷰한 내용을 근거로 작성한 것이다.
242) 교회 내에 설치하지만 교회 밖 기관으로 설립할 계획이다.

3) 상담소 운영 실태

(1) 상담치유학교

급격히 발전하는 사회 속에서 현대인들의 자아상은 왜곡되어져 가고, 가정은 무관심과 이기심으로 상처를 받고 있다. 따라서 주안장로교회상담소에서는 2002년 3월에 상담치유학교를 개설하여 상처 받은 영혼들을 돕는 상담자들을 발굴하여 교육하고 있다.

(2) 가정폭력상담사

가정은 하나님이 주신 최초의 공동체이다. 그러나 안타깝게도 오늘날에는 이 공동체가 인간성의 상실과 부부간의 갈등 등의 이유로 폭력이 난무하는가 하면 이혼과 같은 극단적인 행동으로 무너져 가고 있는 것이 우리의 현실이다. 따라서 주안장로교회상담소의 가정폭력상담사에서는 성경적인 내적치유를 통해 폭력으로부터 피해를 당하고 있는 가정을 섬기며 상담하는 교육을 실시하고 있다.

(3) 성폭력상담사

성폭력상담사에서는 교육을 통해 성폭력 피해자들을 여성신학적 관점에서 상담하고 지원하며 전인적인 치유를 할 수 있도록 돕는 상담사를 양성하고 있다.

(4) 내적치유세미나

내적치유세미나는 예수 그리스도 안에서 내면의 상처와 쓴 뿌리를 발견하게 함과 동시에 건강한 자아와 가정을 회복할 수 있도록 돕는 2박 3일 간의 단기 교육이다.

(5) 해외세미나

해외 세미나는 각국 선교사들에게 상담교육 프로그램을 공개하거나 그들을 상대로 직접 상담 프로그램을 실시하기 위해 세워졌으며,243) 1년에 2회씩 그동안 주로 중국에서 실시해 왔다.

4) 위탁상담

내담자가 주로 가정문제나 형제간의 갈등 등의 문제를 가지고 오기 때문에 정신병원과 같은 전문기관에는 월 1-2회 정도 위탁한다.

5) 당회 지원

주안장로교회상담소는 현재 당회로부터 연간 3,000만원의 예산과 약 200명과 600명을 수용할 수 있는 세미나실 2개를 사용할 수 있도록 지원받고 있다.

---

243) 지금까지 5회 실시했는데 매회 약 50명씩 총 250명 정도를 교육했다.

6) 자원봉사자 및 교육 현황

(1) 자원봉사자 현황

상담교육 과정을 졸업한 20여 명의 학생들이 외부 전화상담소나 교도소 같은 곳에서 봉사하고 있으며, 현재 20명 정도는 본 상담소에서 봉사하고 있다.

(2) 교육 현황

2003년에 시작된 상담치유학교는 주간반이 1기 46명, 2기 13명, 3기 19명의 상담사를 배출하였으며, 야간반은 23명의 상담사를 배출하였다. 또한 성폭력 상담사는 1차 78명, 2차 40명을 배출하였으며, 가정폭력 상담사는 1차 43명, 2차 39명을 배출하였다. 한편 내적치유 세미나는 1차 172명, 2차 167명, 3차 174명을 배출하였으며, 해외선교 세미나는 4차 201명, 5차 169명, 6차 132명, 7차 133명을 배출하였다.

7) 상담 통계

면담 및 전화로 월 평균 100여 건의 상담을 하고 있다.

8) 향후 프로그램 운영 계획

(1) 프로그램 측면

올해(2006년) 상담교육 프로그램에 청소년상담과 중

독(알코올 등)상담 과목을 신설할 계획이다.

(2) 행정적인 측면
인터넷 상담을 더욱 확대하여 외부 사람들에게도 오픈할 계획이다.

9) 상담소의 특징
주안장로교회상담소는 해외에서 사역하고 있는 선교사들과 현지 목회자들에게 상담교육 프로그램을 전수하는 것과 '성경적 상담'에 힘쓰고 있는 것이 그 특징이라고 할 수 있다.

제4장

한국 대형교회들의
목회상담의 문제점은 무엇이며
해결 방안은 무엇인가?

　　우리는 앞에서 한국교회에서의 목회상담의 필요성과
발전 역사를 살펴보았으며, 또 한국교회에서 목회상담사
역이 비교적 활성화되어 있는 여덟 교회의 목회상담 현황
도 살펴보았다. 이제 한국 대형교회들의 목회상담 담당자
들이 말하는 각 교회의 목회상담의 문제점과 해결 방안에
대하여 서술하고자 한다. 그러나 여기서 각 교회 명칭은
밝히지 않기로 한다.

제1절 A교회

1. 문제점

A교회상담소는 우리나라에서 아직 상담에 대한 관심이 거의 없던 때인 지금으로부터 약 25년 전에 상담전문기관으로 설립되었다는 데 이미 큰 장점을 가지고 있다. 이처럼 A교회상담소는 타 상담기관에 비해 비교적 오랜 역사를 지니고 있기 때문에 그만큼 상담에 대한 노하우가 많이 쌓여 있고, 또 수많은 상담봉사자들도 배출할 수 있었다. 그럼에도 불구하고 지금은 후발 주자들인 타 상담기관보다 오히려 뒤처지는 듯한 인상을 갖게 되는데 다음의 몇 가지 문제점에서 그 원인을 찾아볼 수 있다.

먼저, 목회상담 분야에 대한 교회지도층의 무관심과 그들의 상담사역에 대한 참여의식의 부족이다. 교회는 빛과 소금의 역할을 감당해야 할 사명이 있기 때문에 교회에서의 상담사역은 그만큼 중요하다고 할 수 있다. 이런 점에서 볼 때 A교회가 비교적 일찍이 상담사역을 시작하게 된 것은 매우 고무적인 일이라고 할 수 있다. 그러나 현재 A교회상담소는 상담사역을 시작하게 된 25년 전에 비해 별로 달라진 것이 없다. 예컨대 목회상담 담당교역자들의 잦은 인사이동이 그렇고, 또 그 규모나 시설면에 있어서도 별로 달라진 것이 없다. 이는 목회상담 분야에 대한 교회지도층의 무관심과 그들의 상담사역에 대한 참여의식의 부족 때문이라고 할 수 있다.

둘째로, 목회상담 담당교역자들의 전문성의 결여다.[244] A교회상담소에는 7명의 교역자와 100여 명의 봉사자가 상담사역을 하고 있으며, 상담봉사자들은 상담소 내에서 운영하는 상담학교를 중급과정까지 마친 사람들로 구성되어 있기 때문에 상담에 대해 어느 정도의 전문성을 가지고 봉사하고 있다. 그러나 목회상담 담당교역자들은 한두 명을 제외하고는 대다수가 비전문가들이다. 또한 그 한두 명의 교역자가 전문성을 가지고 있다고 해도 그들 역시 상담소에서 사역한지 2년이 되면 타 부서로 인사 발령을 받아 이동하기 때문에 실질적으로 상담소에는 상담에 대한 전문성을 가지고 사역하는 교역자가 거의 없다고 볼 수 있다.

셋째로, 상담교육 장소의 부재다. 상담을 받기 위해 상담소를 찾아오는 내담자들은 대부분 이미 문제가 심각한 상태에 도달해 있기 때문에 이들을 치료하려면 많은 시간과 노력이 필요하다. 반면 상담교육은 사람들로 하여금 문제가 발생하기 전에 미리 문제를 예방할 수 있도록 도울 수 있기 때문에 그만큼 중요하다고 할 수 있다. 이러한 이유에서 A교회상담소는 상담과 교육을 분리하여 실시하고 있다. 상담소에서 실시하고 있는 상담학교 초급반의 경우만 하더라도 매회 약 200명의 사람들이 교육을 받

---

244) 이 문제를 해결하기 위해 상담소 자체적으로 교역자들에게 약간의 교육비를 지원함으로 그들이 상담교육을 받을 수 있는 기회를 마련해 주고 있다.

고 있다. 특히 최근에는 상담에 대한 관심이 높아지면서
더욱 많은 사람들이 상담교육을 받기 원하지만 장소가 협
소하여 200명으로 제한하고 있는 실정이다. 앞으로도 계
속 이러한 환경에서 교육하면 10년에 약 2,000명 정도를
교육한다는 통계가 나온다. 따라서 현재 사용할 수 있는
교육 장소를 가지고는 A교회 성도들에게 상담교육을 하기
에 턱없이 부족한 상태다.

넷째로, 상담자들의 슈퍼비전을 해 줄 수 있는 슈퍼바
이저가 없다는 것이다. 100여 명이 넘는 상담봉사자들의
상담 내용을 슈퍼비전해 주지 못하기 때문에 상담이 제대
로 이루어지고 있는지, 또 상담이 올바르게 진행되고 있
는지 알 수가 없다. 현재는 전화상담실 담당 전도사와 상
담소 담당목사가 이를 감당하고 있으나 만족스럽지 못한
상태다.

다섯째로, 오래된 상담자들의 매너리즘도 문제다. 현
재 상담소에서 봉사하는 상담자들은 대부분 10년 이상 봉
사하신 분들이다. 때문에 어떤 분들은 교역자들보다 더
많은 상담에 대한 지식을 가지고 있으며, 이들 가운데 몇
사람은 전문상담자로 활동하기도 한다. 그러다보니 상담
자들이 정작 자신에게 맡겨진 상담봉사 시간에 대해서는
소홀히 하는 경향이 있는 것이다.

2. 해결 방안

A교회가 이 같은 문제들을 극복하고 목회상담을 활성화하기 위해서는 다음과 같은 방안을 강구할 수 있을 것이다.

첫째로, 교회지도층에게 목회상담의 필요성과 중요성을 고취시켜야 한다. A교회는 소위 대형교회다. 하지만 이 교회가 계속 대형교회로 존속할 수 있도록 지탱해 주는 것은 '교구'라는 작은 그룹이다. 그리고 그 작은 그룹 하나하나를 구성하고 있는 것은 바로 각 '가정들'이다. 따라서 가정이 건강하지 못하면 그 그룹들이 건강할 수 없고 또 그 작은 그룹 하나하나가 건강하지 못하면 결국 교회 전체가 건강할 수 없다. 그렇기 때문에 교회가 건강하기 위해서는 가정이 건강해야 하고, 또 교회가 살아나기 위해서는 가정이 살아나야 한다.

오늘날 한국교회가 침체되고 있다고 하는데 이는 가정이 침체되고 있기 때문이라고 해도 과언이 아닐 것이다. 그러므로 가정을 회복시키면 교회가 살아날 것인데 바로 이러한 일을 감당하는 것이 상담소의 몫이라고 할 수 있다. 상담을 통해 침체된 많은 가정을 회복시킨다면 교회 역시 다시금 살아날 것으로 본다.

따라서 A교회가 당면하고 있는 목회상담사역의 장애들을 해결하는 데 가장 우선시 되어야 할 것은 바로 교회 지도자들에게 목회상담사역의 중요성과 필요성을 인식시키는 일이다. 그 일은 결코 불가능한 일이 아니다. 상담소에는 지도장로를 비롯한 10여 명이 넘는 장로들이 있으며 6-7명의 교역자들도 있다. 장로들 중에는 사회적으로나 교회 내에서도 영향력이 있는 분도 있다. 그렇기 때문에 상담소 지도자들이 담임목사와 교회 타 부서 지도자들에게 상담소의 중요성과 필요성에 대해 자주 어필하면 상황이 달라질 수 있을 것이다.

둘째로, 교회지도층에게 상담교육을 실시하도록 해야 한다. 예컨대 1999년도에 두 번에 걸쳐 실시한 '목회자 상담세미나'를 다시 부활하여 실시하고, 또 같은 해에 한 번 개최하고 중단한 바 있는 '장로상담세미나' 역시 다시 실시해야 한다. A교회는 수많은 교역자가 있고 장로들도 많다. 교회에서 가장 큰 영향력을 미치고 있는 이들에게 상담교육을 실시하면 이들의 '목회상담 분야에 대한 식견 부족의 문제'를 해결할 수 있게 될 것이고, 따라서 자연스럽게 목회상담은 활성화될 것으로 생각된다. 뿐만 아니라 교회 내에 권사회, 안수집사회, 남선교회, 여선교회 등 제직들을 대상으로 각각 상담교육을 실시하면 교회에서의 목회상담은 더욱 활성화될 수 있을 것이다.

셋째로, 상담소에는 상담을 전공하였거나 상담자격증을 취득한 교역자를 배치하여 전문적인 사역을 하도록 하여야 한다. 앞서 지적하였던 것처럼 잦은 교역자 인사는 상담의 전문성을 떨어뜨리게 된다. 상담은 한 영혼을 살리는 일이기에 대충할 수 있는 일이 아니다. 그러므로 전문상담자를 배치하여 오랜 기간 동안 사역할 수 있도록 제도적인 장치를 마련해야 한다. 나아가 상담소 교역자들에게 지속적인 교육의 기회를 주어 상담사역의 전문성을 업그레이드 해 나가도록 지원해 주면 더 좋을 것이다. 이에 대해서도 상담소를 책임지고 있는 분들이 담임목사와 관련 분과위원회에 강력하게 건의하면 가능할 것으로 본다.

넷째로, 상담센터를 설립해야 한다. 교회 내 기관으로서의 상담소는 제 역할을 감당하기에 어려움이 많다. 따라서 A교회 부설 법인 상담센터를 만들어 교회 내 타 기관과 연계하여 상담사역을 하게 되면 지금보다 훨씬 더 많은 시너지 효과를 얻을 수 있을 것이다. 상담센터를 설립하게 되면 우선 그곳에서 상담교육을 실시하여 교육 과정을 수료한 이들에게 상담사 자격증을 직접 발급할 수 있을 것이며, 그렇게 되면 A교회의 성도 가운데서 많은 인재를 발굴하여 상담사역에 활용할 수 있을 것이다. 또한 상담센터를 세우게 되면 불신자들에게 다가가 그들을 그리스도께로 인도하는 데에도 많은 효과를 거둘 수 있을 것이다.

제2절 B교회

1. 문제점

B교회 상담부는 매우 활성화되어 있음에도 불구하고 다음과 같은 문제점들도 있다.

첫째로, 목회상담을 담당하는 교역자(지도목사, 전도사)가 교구와 기타 다른 부서의 사역을 겸직하고 있기 때문에 시간적으로 여의치 않을 뿐만 아니라 사역의 양이 과다하여 상담사역의 전문성과 집중력이 약화된다는 점이다. 아울러 상담을 담당하는 교역자가 상담사역과 함께 다른 사역도 겸하고 있기 때문에 정작 위기 상황에 처하여 도움을 요청하는 내담자들을 효과적으로 도울 수 없다는 것이다.

둘째로, 평신도 지도자(부장 및 지도위원)를 자주 교체하는 것도 문제가 된다. 즉 교회 내 제직부서 부차장과 지도위원은 임기가 2년으로 제한되어 있는데, 그들은 임기가 끝나면 상담부가 아닌 타 부서로 떠나고 상담부에는 또 다른 평신도 지도자가 임명 받아 오게 되는 경우가 많다. 따라서 전문성을 요하는 상담부로서는 상담의 전문성과 연결성을 상실하게 되는 것이 문제가 되는 것이다.

셋째로, 상담부가 제직회 산하부서로 소속되어 있는 것이 문제다. 즉 상담부가 제직회 산하부서로 편성되어 있는 관계로 상담자의 자격 기준이 제직으로 제한되어 있다. 그렇기 때문에 제직이 아닌 경우에는 상담사역에 꼭 필요한 유능한 자원이라 할지라도 상담자로 임명할 수 없는 것이 문제가 된다.

넷째로, 제직의 임면(任免)이 어렵다는 것이다. 즉 상담자가 제직으로 구성되어 있기 때문에 상담부에서 자체적으로 임면하기가 어렵다. 특히 부자격자에 대한 면직이 어려워 문제가 된다.

다섯째로, 월 1회 주말에 상담자들을 재교육시키고 있는데, 이때 직장인들은 참여하기가 힘들고 교육 또한 전문적인 교육이 되지 못하고 있는 것이 문제다.

여섯째로, 각종 상담교육 프로그램에 참여할 인원을 모집하는 것이 어렵다.[245] 이는 교회 내 각 부서에서 실시하는 교육 프로그램이 산재해 있기 때문이며, 또 성도 수에 비해 교육에 참여하는 성도들은 한정되어 있기 때문이다.

2. 해결 방안

첫째로, 목회상담 담당교역자들(지도목사, 전도사)의 겸직의 문제를 해결하기 위해서는 당회 차원에서의 상담부에 대한 인식 전환이 필요하다. 상담부의 효율적인 사역을 위해서는 목회상담 교역자들이 상담사역에만 전념해야 한다는 것을 인식해야 하는 것이다. 그래서 목회상담

---

245) 이는 B교회뿐만 아니라 일반적으로 교회마다 나타나는 현상이라고 할 수 있다.

담당교역자들로 하여금 상담사역에만 전력할 수 있도록 배려해야 한다. 그렇게 하면 목회상담 담당교역자들이 위기 상황에 처한 내담자를 효과적으로 돌볼 수 있게 되고 상담자들도 효과적으로 지도할 수 있게 될 것이며, 그 결과 교회가 건강하게 성장할 수 있게 될 것이다. 우리는 복음 사역의 '양' 못지않게 사역의 '질'도 중요하다는 것을 인식해야 한다.

둘째로, 평신도 지도자들(부장 및 지도위원)의 잦은 교체 문제를 해결하기 위해서는 상담자 중에서 상담 부장이나 차장, 그리고 지도위원을 선발해야 한다. 그렇게 하면 그들의 임기를 2년을 주기로 교체하더라도 상담사역의 연결성이 유지될 수 있을 뿐만 아니라 전문성도 확보될 수 있을 것이다.

셋째로, 상담부가 제직회 산하부서로 소속되어 있는 문제, 즉 상담부의 조직이나 사역의 독립, 그리고 전문 인력 확충과 상담자 임면의 문제를 해결하기 위해서는 상담부가 제직회 산하 부서가 아닌 독립된 기관으로 편성되어야 한다. 이 세 번째 문제가 해결되면 두 번째 문제는 자동으로 해결될 것이다.

넷째로, 상담자들의 재교육에 따른 문제를 해결하기 위해서는 대그룹을 중심으로 한 월 1회 교육은 계속 유지하되 소그룹 위주의 교육의 횟수를 증가시킴으로 모든 상담자들이 재교육에 참여할 수 있게 해야 한다. 상담자의 자질 향상은 곧 상담사역의 활성화로 이어지기 때문이다.

다섯째로, 각종 상담교육 프로그램에 참여할 인원을 모집하는 데 따르는 어려움을 해결하기 위해서는 소그룹 프로그램을 활성화해야 한다. 그렇기 때문에 상담부에서는 현재 이 일에 힘쓰고 있는 중이다. 한편 상담부 담당 교역자가 교구 사역을 겸하고 있기 때문에 성도들이 타 교회에서 실시하는 상담관련 프로그램에 찾아가는 경우가 있는데, 이 문제를 해결하기 위해서는 그동안 실시한 프로그램 중에서 비교적 호응도가 높은 프로그램을 3년 주기로 다시 실시하는 일에 더욱 힘써야 할 것이다.

제3절 C교회

교회가 부흥한 결과 내담자가 많기 때문에 상담자가 내담자를 모두 소화하기 힘든 것이 문제라면 문제이지 다른 문제는 없다.

제4절 D교회

D교회 상담자들은 자신의 어려운 사정으로 인해 마음의 여유가 없는 내담자들로부터 공격을 당하거나, 정신적인 문제가 있는 내담자들에게 시달리는 경우가 있다. 그런가 하면 종종 경제적으로 어려운 분들이 도움을 요청하는

경우도 있어서 상담자들이 어려움을 느끼고 있는 것이 문제점이라고 할 수 있다. 이와 같은 문제들을 해결하기 위해 내담자가 상담자를 공격하는 경우는 그들에게 대응하기보다는 가능한 한 그들의 아픔을 공감하고 수용하며 사랑으로 품으려고 노력하고 있으며, 정신적으로 문제가 있는 분들은 정신병원에 위탁한다. 또한 경제적으로 어려움을 호소하는 분들은 상담소 자체에서 해결하거나 교회에 의뢰하기도 한다. 한편 상담실과 연계된 전문기관에 이같은 문제를 의뢰했을 때 문제해결에 많은 도움이 되었다.

또 다른 문제점은 직장생활을 하고 있는 내담자들의 경우 퇴근 후 저녁 시간에 내방상담을 하기 원하지만, 현재 본 상담실은 오후 5시가 되면 상담사역을 종료하기 때문에 그들의 필요를 채워 줄 수 없다는 점이다. 즉 D교회 상담실에서 봉사하는 상담자들은 대부분 가정주부들이기 때문에 저녁 시간에 상담사역을 하기가 어려운 것이다. 따라서 이 문제를 해결하기 위해서는 저녁 시간에도 내방 상담사역을 할 수 있는 훈련받은 상담자들을 충원하면 되겠지만 아직은 시도하지 못하고 있는 실정이다.

나아가 어떤 내담자들의 경우에는 반드시 목회자와 상담을 하기 원하는 분들이 있지만, 현재 이 교회는 상담실 담당목사가 전적으로 상담사역만 하는 것이 아니라 여러 가지 다른 사역들을 동시에 하고 있기 때문에 그들의 요구에 응해 줄 수 없다는 점이 문제다. 이 문제의 해결 방안으로는 신학과 상담학 두 가지를 다 공부한 분이 상담자로 봉사하면 될 것으로 여겨진다.

또 한 가지 문제는 자녀문제를 가지고 오는 내담자들의 문제를 충분히 해결해 주지 못한다는 점이다. 예컨대 어린 자녀의 경우 발달 과정에서 문제가 발생하면 놀이치료 등을 통해 문제를 해결 할 수 있는 전문상담사의 도움을 받아야 한다. 그러나 이런 경우 일반상담실에 가면 상당한 금액의 상담료를 지불해야 하기 때문에 부모들은 치료 받는 일을 포기하는 경우가 많다.

그렇기 때문에 교회에서 운영하는 상담실에서 놀이치료를 할 수 있는 전문상담사와 그 일에 필요한 충분한 공간을 갖춘다면 자녀문제로 어려움을 겪고 있는 부모들에게 큰 도움을 줄 수 있을 것이다. 특별히 성장 과정에 있는 아이들의 문제는 시기를 놓치지 말고 그때그때 조치를 취해 주어야 하는데 현재 교회의 여건상 그 일을 시도할 수 없는 아쉬움이 있다.

제5절 E교회

E교회상담실은 본교회의 조직에 속해 있지 않고 하나의 독립된 기관으로 존재하였기 때문에 상담실에서 실시하고자 하는 프로그램에 대하여 교회로부터 어떤 제재나 간섭을 받지 않고 상담실에서 의도한 대로 진행할 수 있는 장점이 있다. 그러나 상담사역은 담임목사의 목회방침

에 들어가지 않은 관계로 상담관련 프로그램을 진행하는
데 있어서 성도들을 모집하는 데 어려움이 있다.[246) 또한
상담실에서 계획한 프로그램과 교회의 각 기관에서 실시
하는 프로그램이 중복되는 경우에는 교구를 맡은 교역자
들과의 관계에서 어려움이 있다.

이러한 문제들은 상담실에서 실시하는 프로그램이나
상담의 효과가 점차적으로 교회 내에 알려지면서 교역자
들이나 교회 각 기관에서 상담실의 사역에 협조해 줌으로
써 해결해 나가고 있다. 그리고 교역자들이 상담실에서
실시하는 프로그램에 참석하여 교육을 받은 결과 상담실
에 대한 인식이 좋아져서 이제는 교역자들도 상담사역에
매우 협조적이다. 무엇보다도 E교회상담실은 여러 가지
어려움이나 문제가 있었음에도 불구하고 당회장 목사와
사모가 상담의 필요성에 대해 인식하고 배후에서 잘 도와
준 결과 오늘날과 같이 성장할 수 있었다.

제6절 F교회

인간관계가 깨진 경우는 비교적 쉽게 치료할 수 있으
나, 날이 갈수록 정신과적 질병이 있는 사람이 많아지기 때

---

246) 이 교회에서는, 제직이 되기 원하는 사람은 누구든지 '제자훈련'을 받아야 하기
    때문에 제자훈련 프로그램을 진행하는 데 있어서 사람을 모집하는 데 어려움이
    없는 반면, 상담사역은 담임목사의 목회방침에 들어가지 않은 관계로 상담관련
    프로그램을 진행하는 데 있어서 성도들을 모집하는 데 어려움이 있다.

문에 상담 자체가 힘들다. 이 문제의 해결을 위해 정신적으로 문제가 있는 사람의 경우 정신과의사에게 위탁한다. 그러나 재발하는 경우가 많아 대책이 없는 경우도 있다.

제7절 G교회

G교회상담소는 현재 매우 활성화되어 있으나 초창기에는 목회상담을 활성화하는 데 있어서 사람들에게 동기를 부여하고 비전을 심어주는 데 어려움이 컸다. 이러한 문제해결을 위해서 상담훈련을 통해 변화 받고 성장한 사람들의 모습을 성도들에게 보여줌으로서 상담을 통한 치유에 대한 기대를 갖도록 하였다.

예컨대 담임목사는 상처가 많은 사람이었는데 주님을 영접한 후 복을 받아 행복한 삶을 사는 모습을 보여 주었으며, 상담사역을 시작했을 당시 평신도로 동참했던 분이 지금은 이 교회상담소 부원장으로 사역하며 대학 강단에까지 서게 되는 모습 등을 제시함으로 상담사역에 대한 긍정적 결과를 보여 주었다.

또한 상담의 인본주의적 위험성에 대한 경계로 상담의 궁극적인 목적이 자신의 내적 변화나 성장에 있기보다 예수 그리스도를 향한 헌신과 비전의 삶이 궁극적인 목적임을 자주 상기함으로서 본래의 방향성을 잃지 않도록 하였다.

나아가 목회상담을 활성화하기 위해서는 먼저 목회상담에 대한 인식 확산과 저변 확대가 중요하다는 생각 하에 담임목사는 타 기관의 요청이 있을 경우 세미나나 강의 등의 부탁을 적극 수락하였다. 또한 2005년부터는 무료 목회상담 아카데미를 계획하고 준비하여 목회상담에 관심 있는 사역자들에게 강의와 임상으로 돕고 나중에는 같이 협력해 나가려는 적극적인 방법을 실시하고 있다. 이 외에도 다른 목회상담기관과 유기적이며 적극적으로 사역하기 위해 애쓰고 있다.

제8절 H교회

1. 문제점

첫째로, 대부분의 성도들이 교역자와 알고 지내는 관계이기 때문에 교역자들에게 자신의 문제를 내어 놓고 상담하기를 꺼려한다. 성도들이 자신의 문제가 노출되는 것을 원치 않는 것이다. 따라서 주로 예방 차원에서 상담교육을 실시하고 있다. 둘째로, 교회 예배당 건축 후 재정적인 어려움 때문에 교회 측에 상담사역에 대한 지원을 적극적으로 요청하지 못하고 있다.

2. 해결 방안

첫째로, 적당한 시기에 당회원들에게 상담사역의 중요성에 대해 어필할 계획이다. 둘째로, 당회원들에게 상담사역의 실적을 발표할 계획이다. 셋째로, 예배 시간에 전문 상담자들을 강사로 세워서 상담의 중요성에 대하여 홍보할 계획이다.[247]

---

247) 이를 위해 2005년 5월 4일에는 정태기 박사를 강사로 초빙하였으며, 2006년에는 추부길 목사를 강사로 세워 상담의 중요성에 대하여 강조할 계획이다.

제5장

한국교회가 목회상담을 활성화하려면

본 장에서는 '어떻게 하면 한국교회에서의 목회상담을 더욱 활성화시킬 수 있을 것인가?' 하는 문제에 대한 답으로, 필자가 이 책에서 궁극적으로 말하고자 한 한국교회의 목회상담 활성화 방안을 제시하고자 한다.

제1절 교회가 해야 할 일

1. 교회지도자들이 목회상담의 중요성을 인식해야 한다.

오늘날 급변하는 사회에서 한국교회 성도들이 직면하고 있는 문제는 교리나 신학적인 문제라기보다는 오히려 인간의 문제라고 할 수 있을 것이다. 왜냐하면 날이 갈수록 심리적인 상처에 시달리고 있는 사람들이나 정신질환의 고통으로 인하여 몸부림치고 있는 성도들을 우리 주변에서 쉽게 찾아 볼 수 있기 때문이다.[248]

필자는 상담소에서 사역을 하는 동안 이같은 사실을 직접 피부로 느낄 수 있었다. 그러나 아직도 한국교회에서는 이같은 사실을 올바르게 인식하지 못하고 있는 점이 문제라고 생각된다.[249] 즉 치유목회와 예방목회의 방법론을 연구하는 목회상담 분야에 대한 올바른 인식과 이의 발전을 위한 비전이 부족한 것이 한국교회 내에서의 목회상담 개발의 문제인 것이다.[250]

또한 교회에서 당회원과 같은 평신도 리더십의 목회상담 분야에 대한 인식 부족도 교회에서 목회상담이 발전하는 데 큰 장애요인이 된다.[251] 특히 오늘날 한국교회의 목회상담이 활성화되는 데 가장 큰 장애요인은 담임목사의 상담에 대한 무관심과 이해 부족이라고 할 수 있다.[252] 그렇기 때문에 한국교회의 담임목사들은 자신의

---

248) 심상권, "현대 목회상담이론 형성과 그 과제", 「한국교회를 위한 목회상담학」, 기독교사상편집부 편 (서울: 대한기독교서회, 1998), 381.
249) 이순, "목회상담과 목회심방과의 관계성 연구"(신학석사학위논문, 장로회신학대학 신학대학원, 1989), 58-59.
250) 심상권, "현대 목회상담이론 형성과 그 과제," 382.
251) 모 교회 가정사역국장은 필자와의 인터뷰에서 한국교회에서 목회상담이 활성화되는 데 가장 큰 장애요인은 목회상담사역에 대한 담임목사나 당회원들의 오해나 편협된 생각, 그리고 무관심이라고 주장했다.
252) 필자는 이 책을 집필하기 위해 한국교회에서 상담사역이 가장 활성화되어 있는 교회의 목회상담 담당자 10여 명과 인터뷰를 했는데, 그들은 한결같이 오늘날 한국교회의 목회상담이 활성화되는 데 가장 큰 장애요인은 담임목사의 상담에 대한 무관심이라고 답했다. 따라서 상담을 만병통치약으로 생각하는 것도 문제이지

목회철학에 상담사역을 포함하지 않는 경우가 많다.

그러나 필자가 앞에서 언급한 바와 같이 교회의 사명이 영혼을 구원하는 것이 우선인 것은 자명한 사실임에도 불구하고 교회가 그 본질적인 사명을 다하기 위해서는 성도들을 전인적으로 돌보는 사역인 목회상담의 중요성을 간과해서는 안 된다. 그렇기 때문에 한국교회지도자들은 영혼구원사역뿐 아니라 목회상담사역의 중요성에 대해서도 인식해야 한다.[253] 즉 한국교회의 지도자들은 성도들이 영적, 정신적, 육체적, 사회적, 전 환경적으로 평안한 상태를 유지하고, 하나님과 인격적인 관계의 삶을 살게 하며 예수 그리스도와 연합된 상태로 살도록[254] 돕는 사역인 목회상담사역의 중요성을 하루빨리 인식해야 한다.

사미자는 목회상담은 오늘의 교회들에게 부여된 목회의 한 부분이며 적극적으로 실천해야 할 책임이라고 말한다.[255] 오성춘도 "목회자는 상담자가 되기로 작정하든 안 하든 간에 성도들을 심방하여 상담해야 할 때가 있다. 사람들이 '도와주시오' 하고 부르짖을 때에 목회자는 그들을 찾아가서 돌보아 주어야 할 뿐만 아니라 그들을 상담하지 않을 수 없다."고 주장한다.[256]

목회자는 나름대로의 목회철학을 가지고 있으며 그

만, 담임목사가 상담사역을 무시하거나 무관심하는 것이 오늘날 한국교회의 목회상담이 활성화되는 데 가장 큰 장애요인이라고 할 수 있다.

253) C. W. Brister, 「현대인의 절망과 희망」 (The Promise of Counseling), 오성춘 역 (서울: 홍성사, 1986), 20.

254) 박형렬, 「통전적 치유목회학」 (서울: 도서출판 치유, 1994), 11.

255) 사미자, "현대 사회와 목회상담"

256) 오성춘, "한국교회 목회상담의 과제", 『교회와 신학』, 1996년 5월호, 287.

목회철학에 따라 자신이 섬기는 교회를 이끌어 가게 되어
있다. 그런데 오늘날 한국교회는 몇몇 교회 목회자들을
제외하고 대부분의 목회자들은 교회성장에 많은 관심을
가지고 있는 반면 목회상담 따위는 별로 중요하게 여기지
않는 경향이 있다.257) 그러나 이는 교회에서 목회상담 프
로그램을 실시하면 교회가 영적으로 건강하게 되어 결국
은 교회의 영적 성장에 도움이 된다는 사실을 간과한 처
사라고 할 수 있다.

그러므로 한국교회에서 목회상담이 활성화되기 위해
서는 무엇보다 목회자들이 목회상담의 중요성을 인식하는
일이 시급하다.258) 뿐만 아니라 교회 당회원을 비롯하여
다른 평신도 지도자들도 목회상담의 중요성을 인식해야
한다.

교회에서 목회상담을 담당하는 교역자들(지도 목사,
전도사)이 교구와 기타 다른 부서의 사역을 겸직하고 있
는 문제나 상담소의 지도자(부장 및 지도 위원)를 자주 교
체하는 문제, 그리고 상담소에서 자체적으로 임면하기가
어려운 문제나 상담소가 독립기관으로 편성되어 있지 않
고 제직회 산하 부서에 소속되어 있는 문제 등은 모두 교

---

257) 이에 대해서는 영락교회상담실장인 김휘현 목사도 필자와 의견을 같이 했다.
그는 "한국교회는 소수보다 다수를 지향하는 경향이 있다. 그런데 목회상담은 다
수보다 소수를 돕는 사역이기 때문에 목회자들이 목회상담사역에 투자하지 않으
려고 한다."고 말했다. 한편 엄예선은 한국교회가 그동안 목회상담을 활발하게
수행하지 못한 이유 중 한 가지는 양적 성장에 치중한 나머지 성도들의 가정문
제를 해결해 주는 사역에는 관심을 쏟지 못했기 때문이라고 말한다. 참조. 엄예
선, 「한국교회와 가정사역」, 404.
258) 이는 필자가 이 책을 집필하기 위해 인터뷰한 10여 명의 각 교회 목회상담 담
당자들이 이구동성으로 한 말이다.

회지도자들이 목회상담의 중요성을 인식하지 못하고 있기 때문에 나타난 부작용이라고 할 수 있다. 따라서 한국교회의 목회상담이 활성화되기 위해서는 하루빨리 교회지도자들이 목회상담의 중요성을 인식해야 하는 것이다.

2. 상담사역을 시작하려면 먼저 철저하게 준비해야 한다.

개인이나 단체가 무슨 일이든 시작하기 전에 먼저 철저한 준비를 하고 시작해야 하듯이 교회에서 상담사역을 처음으로 시작할 때에도 사전에 철저한 준비를 해야 한다. 그렇게 해야 시행착오를 줄일 수 있고[259) 상담사역을 보다 효과적으로 할 수 있기 때문이다. 그러므로 교회는 상담사역을 시작하기 전에 다음과 같은 사항들을 주의할 필요가 있다.

첫째, 상담사역에 대한 철학을 가지고 충분히 준비해야 한다. 즉 상담사역을 시작하려고 하는 사람은 자신이 무엇을 하려고 하는지 알아야 하며, 교회의 양적 성장을 위한 수단의 하나로 상담사역을 시작하지 말아야 한다. 왜냐하면 교회는 지역사회를 봉사하는 차원에서 상담사역을 활용할 수 있지만 상담사역이 교회의 양적 부흥에 큰 도움이 될 수는 없기 때문이다.

둘째, 전문가의 자문을 받아 준비하되 가능하면 전문

---

259) 동안교회상담실장인 원정숙 권사는 필자와의 인터뷰(2005년 9월 25일 동안교회 본관 2층 상담실장실)에서 "목회상담을 처음 실시하고자 하는 교회는 상담사역에 대한 시행착오를 거치려고 하지 말아야 한다."고 말했다.

성을 갖춘 상담사를 준비한 후 상담사역을 시작하는 것이
좋다.[260] 그리고 상담사역을 시작하기 전에 반드시 현장
조사를 실시하여 지역과 교회 성도들의 문화와 수준에 맞
게 중·장기적인 목표를 세워서 사역을 시작해야 한다.
특히 상담사역은 하루아침에 이루어지는 사역이 아니기
때문에 장기간 상담사역에 전념할 수 있는 사람이 책임을
지고 시작하는 것이 필요하다.[261] 그렇게 해야 상담소를
효과적으로 운영할 수 있기 때문이다.

셋째, 무엇보다 상담사역은 희생과 헌신을 요구한다는
것을 인지하고 시작해야 한다.[262] 또한 성공적인 상담사
역을 하기 위해서는 헌신의 마음 외에 기술도 있어야 하
는데 이 상담기술을 습득하기 위해서는 많은 시간을 투자
해야 한다. 따라서 장기적인 안목을 가지고 전인치유를

---

260) 모 교회상담실장은 "목회상담사역을 다시 시작할 수 있다면 목회상담에 관한
　　공부를 체계적으로 한 후 시작하겠다."고 말했다. 그런가 하면 모 교회상담실장
　　은 필자와의 인터뷰에서 상담사역을 처음 실시하려고 하는 교회는 반드시 전문
　　성을 갖춘 상담사를 준비한 후 상담사역을 시작해야 한다는 점을 강조하면서, 신
　　학과 상담을 함께 공부하고 상담 실습 과정을 거친 사람이 상담을 해야 한다고
　　주장했다. 아울러 그녀는 효과적인 상담사역을 위해서는 상담사에게 사례비를 지
　　급해야 한다고 덧붙였다.
261) 나희수, 필자와의 인터뷰 (2005년 9월 13일, 지구촌교회 분당성전 3층 상담소
　　장실).
262) 심수명 목사는 필자와의 인터뷰(2005년 9월 6일, 한밀교회 본관 3층 목양실)에
　　서 다음과 같이 상담사역의 고충을 토로했다.

　　　십자가를 질 각오가 되어 있지 않거나 하나님으로부터 상담자로 부르심
　　을 받은 확신과 그 부르심에 대한 헌신이 없이는 상담사역을 하기 어렵다.
　　또한 상담사역을 통해 얻는 기쁨과 보람은 목회할 때 얻는 기쁨이나 설교할
　　때의 기쁨, 그리고 구령사업의 기쁨만큼은 안 된다 하더라도 누군가는 고통
　　받고 있는 사람을 도와서 문제를 해결하고, 변화시켜야 하지 않겠는가? 그
　　러나 이 사역은 너무 많은 에너지를 사용해야 하기 때문에 다른 누군가가
　　이 상담사역을 한다면 본인은 목회를 하고 싶은 심정이다.

위해 상담사역을 계획해야지 단기간에 승부를 내려고 하면 얻어지는 것이 아무것도 없을 것이다.[263]

넷째, 목회상담의 방향성과 정체성을 확립한 후 시작해야 한다. 목회상담 담당교역자는 상담 프로그램을 실시하기 전에 먼저 성도들에게 그 프로그램에 대한 개념을 올바르게 인식시킨 후 실시하도록 해야 한다. 왜냐하면 성도들이 그 프로그램은 자신이 속한 교회 사역과는 별개라고 생각하여 목회상담 담당교역자를 무시하고 교회 방침에도 따르지 않으려고 하는 경향이 있기 때문이다.[264]

다섯째, 신학과 영성, 그리고 심리학을 바탕으로 한 목회상담을 실시해야 한다. 상담자가 신학적으로나 영성적으로, 그리고 심리학적으로 바탕이 준비되지 않은 가운데 상담사역을 하면 본질을 무시하고 비본질적인 면에 치우쳐서 내담자를 돌보려고 할 가능성이 있다. 따라서 목회상담자는 신학적으로나 영성적으로, 그리고 심리학적인 면에서 준비된 후에 목회상담을 실시해야 한다.

여섯째, 장소의 문제와 운영자 문제를 해결해야 한다. 한국교회는 그 규모가 크든 작든 간에 상담사역을 위해 할애하는 장소는 그리 넓지 않은 것이 오늘날의 현실이다. 또한 상담실을 운영할 수 있는 상담자를 구하는 것도 쉬운 일이 아니다. 그렇기 때문에 한국교회가 향후 교회

---

263) 유근준 (한밀교회상담소 부소장), 2006년 7월 5일 유근준과 이메일 교환.
264) 모 교회의 경우 교회 방침상 교역자들이 2-3년 터울로 인사이동을 하기 때문에 교역자들보다 먼저 상담소에서 봉사해 온 성도들이 새로 부임해 온 교역자들을 무시하는 경향이 있다. 왜냐하면 자신들이 교역자보다 상담사역에 대해 더 많은 것을 알고 있다고 생각하기 때문이다.

를 건축할 때는 상담실로 사용할 장소를 고려해야 하며 상담실을 운영할 수 있는 상담자도 양성해야 한다.[265]

일곱째, 상담자들의 슈퍼비전을 해 줄 수 있는 슈퍼바이저를 세워야 한다. 상담자들의 상담 내용을 슈퍼비전해 주지 못하면 상담이 제대로 이루어지고 있는지, 또 상담이 올바르게 진행되고 있는지 알 수 없다. 그러므로 가능하면 상담자들의 슈퍼비전을 해줄 수 있는 슈퍼바이저를 세워야 한다. 그러나 여의치 않을 경우에는 계획을 세워 차츰 슈퍼바이저를 세워 나가도록 해야 한다.

3. 평신도 상담자를 양성하여 활용해야 한다.

오늘날 우리나라의 몇몇 대형교회나 중형교회, 그리고 교회 규모가 그리 크지 않더라도 상담사역에 관심이 있는 교회에서는 상담전임교역자나 전문상담사역자를 두고 상담사역을 하고 있다. 그러나 아직까지 대부분의 한국교회에서는 인적, 물적 사정이나 기타 다른 사정으로 인해 교회 내에 상담전임교역자나 전문상담사역자를 두지 못하고 있는 형편이다. 그렇다고 담임목회자나 부교역자가 상담사역에 매달릴 수도 없다. 왜냐하면 목회자는 날마다 바쁜 일정 속에서 여러 가지 사역을 해야 하므로 상담사역에 할애할 시간이 많지 않기 때문이다.

따라서 평신도 상담자를 활용할 필요가 있다.[266] 아

---

265) 심수명, 필자와의 인터뷰 (2005년 9월 6일, 한밀교회 본관 3층 목양실).

담스는 성도들은 서로가 상담자의 역할을 할 수 있는 것으로 본다.267) 그러므로 크랩(Lawrence J. Crabb)의 주장과 같이 교회에서 상담이 실재가 되도록 하기 위해서는 헌신된 성도들을 훈련시켜 그들로 하여금 상담을 수행하도록 만들어야 한다.268)

박형중은 목회자와 훈련받은 전문가가 상담자로서 적합하지만 하나님께서는 평신도들도 상담자가 되어 고난당하는 자들을 돕기 원하신다(참조. 롬 15:14; 갈 6:1)고 주장하며,269) 이관직은 비록 평신도이지만 신학교육을 받은 자이고 상담교육과 훈련을 거친 자라면 교회 공동체 앞에서 파송하는 형식을 취해서 목회상담자로서 활동할 수 있도록 유연성을 발휘할 필요가 있다고 본다.270)

그러므로 교회의 형편상 상담사역을 전담할 교역자나 전문상담사를 둘 수 없을 경우에는 평신도 중에 상담의 은사가 있는 사람을 택하여 상담교육을 받게 한 후 자원봉사 차원에서 상담사역을 할 수 있도록 장을 마련해 주어야 한다.271) 오성춘은 목회상담은 목사나 전도사뿐 아

---

266) William Backus, *Telling Truth to Troubled People* (Minneapolis: Bethany House, 1985), 11-12.

267) Jay. E. Adams, *(The) Big Umbrella: And Other Essays on Christian Counseling* (Grand Rapids: Baker Book House, 1972), 125.

268) Lawrence J. Crabb, *The Key to Caring* (Grand Rapids: Zondervan, 1984), 10.

269) Duncan Bucanan, 「예수의 상담」 *(The Counselling of Jesus)*, 박형중 역 (서울: 요단출판사, 1987), 5.

270) 이관직, "목회상담의 정체성," 32.

271) 이는 상담 전임 교역자나 전문상담사역자가 있는 교회에는 평신도 상담자가 필요 없다는 말이 아니라, 상담전임교역자나 전문상담사역자가 없는 경우에는 더욱 평신도를 상담자로 양성하여 활용하는 것이 좋다는 의미이다.

니라 모든 성도들에게 열려진 교역의 분야로서 훈련받은 사람이면 교역자이든 평신도이든 누구든지 할 수 있는 봉사라고 말한다.272) 한편 평신도들이 상담에 대한 전문적인 자질을 갖출 수 있도록 교회 차원에서 어느 정도 후원해 주면 큰 시너지 효과를 경험할 수 있게 될 것이다.273)

오늘날 한국교회에는 사회에 제대로 적응하지 못하고 여러 가지 문제로 어려움을 호소하는 성도들이 급증하고 있는 실정이다. 따라서 비교적 규모가 작은 교회라 할지라도 교회의 형편에 맞게 상담소를 설치하여 치유목회적 관점에서 성도들이 문제를 해결하고 신앙이 성장될 수 있도록 도움을 줄 수 있어야 한다.

교회 안에서 상담사역을 하는 것은 중요한 일임에 비해 운영비가 많이 소요된다거나 공간을 많이 차지하는 것이 아니므로 규모가 작은 교회라도 반드시 상담사역을 실시해야 한다.274) 그러나 규모가 작은 교회일수록 목회자가 해야 할 일이 많아 상담사역에까지 힘쓸 여력이 없기 때문에 평신도 상담자를 훈련시켜 활용하는 것이 바람직하다.

평신도는 비공식적인 형태의 상담을 하는 데 있어서 결정적으로 중요한 역할을 할 때가 종종 있다. 목사와 전문적인 그리스도인 상담자는 이 평신도 중 일부를 신학과

---

272) 오성춘, 「목회상담학」, 364.
273) 심수명, 「사랑의 관계회복을 위하여」 (서울: 도서출판 NCD, 2005), 403-404.
274) 상담사역으로부터 목회를 시작하여 현재 매우 성공적으로 상담목회를 실시하고 있는 한밀교회 심수명 목사는 필자와의 인터뷰에서 이를 매우 강조했다.

기본심리학, 그리고 효과적인 상담 기술을 통해 훈련시킬 수 있다. 이러한 훈련은 훌륭한 상담자의 특성을 자연스럽게 나타내고 있는 몇몇 성숙한 그리스도인 지도자에게 국한시키는 것이 좋다. 비밀을 지킬 수 없는 사람이나 상담 관계에서 일하는 것에 대하여 개인적인 불안감을 보이는 사람은 상담을 하는 것보다 교회 프로그램의 다른 부서에서 봉사하도록 권장하는 것이 좋다.[275]

목회자는 내담자에게 신앙적으로 정답만을 제시할 수 있기 때문에 상담의 효율성이 떨어질 수 있지만, 평신도 상담자는 내담자의 문제에 쉽게 공감할 수 있고 또 내담자들도 목회자들보다 평신도 상담자들을 쉽게 접근할 수 있다. 뿐만 아니라 내담자들이 평신도 상담자들에게 보다 편안하게 상담할 수도 있다. 그렇기 때문에 교회에서 평신도 상담자들을 활용하면 생각보다 긍정적인 효과가 클 수도 있다. 그러므로 상담전문교역자나 전문상담사를 둘 수 없는 교회에서는 평신도 상담자를 양성하여 상담사역을 할 수 있도록 지원해 주어야 한다.[276]

한편 평신도 상담자들은 상담봉사를 하다가도 전문성에 한계를 느끼게 되면 포기하는 경우도 있다. 따라서 목회상담 담당자는 평신도 상담자들에게 자신들의 영역의 한계를 확실히 알려 주고, 또 영역 밖의 문제들은 목회상

---

275) Collins, 「교회지도자를 위한 효과적인 상담」, 82.
276) 일반적으로 목회자들은 상담사역의 필요성을 느끼지 못한다거나, 평신도에게 상담사역을 맡기는 것에 대해 불안해하는 경향이 있다. 그러나 목회자는 이에 대해 소극적인 자세보다 더욱 적극적인 자세를 취할 필요가 있다.

담당당자나 전문가에게 위탁하도록 철저하게 훈련시켜야한다. 아울러 평신도들이 상담봉사를 하는 동안 지속적인상담훈련과 슈퍼비전을 받게 하는 것도 잊지 말아야 한다.

4. 상담지원팀을 구성해야 한다

목회상담사역이 어려운 이유 중의 하나는 성도들이직면한 문제가 매우 다양할 뿐 아니라 그들이 문제를 해결하고 상처를 회복하는 데 소요되는 시간이 비교적 길다는 것이다. 따라서 목회자가 그 모든 사역을 감당해야 한다면 그의 모든 힘을 소진하고 말 것이다. 이것이 큰 문제이다. 바로 이런 문제 때문에 많은 목회자들이 목회상담사역에 대하여 스스로 한계선을 긋는 경우가 많다. 또한 상담이 성공적으로 이루어진다고 해도 후속적인 도움을 줄 수 없으면 상담의 효과가 반감될 수 있다. 그렇기때문에 상담이 이루어지고 있는 동안이나 상담을 마친 후에도 지속적으로 내담자를 돌볼 많은 손길이 필요하다.

이와 같은 문제를 해결하기 위해서 교회 차원에서 상담지원팀을 구성하는 것이 바람직하다. 상담지원팀으로하여금 상담 이후 내담자들의 필요를 채워 줄 수 있도록하면 상담의 효과가 배가 될 수 있기 때문이다. 예컨대내담자가 신앙적인 면에서 부족한 경우에는 상담지원팀에서 성경공부를 지도해 주거나 일대 일 양육을 통하여 내담자의 신앙이 성장할 수 있도록 도와줄 수 있을 것이다. 필자가 알고 있는 한 경우는 결혼한 지 1년이 조금 넘어 이혼 위기까지 간 한 부부가 상담을 통해 안정을 되찾게 되었는데, 그들은 상담 이후에도 상담자를 통해 성경공부를 하는 등 신앙 양육을 받은 결과 매우 건강한 부부로 성장해 가고 있다. 이 경우는 상담자가 직접 성경공부를 지도하였지만 상담자의 사정이 여의치 않은 경우에는 상담지원팀에서 그 역할을 하면 될 것이다.

그뿐만 아니라 내담자의 문제해결을 위해 상담지원팀에서 중보기도로 지원해 줄 수도 있고, 가능한 범위 내에서 재정적으로도 지원해 줄 수 있을 것이다. 그런가 하면 내담자의 필요에 적합한 각종 세미나나 교육 프로그램 등에 안내하여 도움을 받게 할 수도 있다. 예를 들면 내담자가 부모 역할에 문제를 느끼는 경우에는 아버지학교나 어머니학교, 또는 효과적인 부모역할 세미나에 등록하여 훈련을 받도록 도와줄 수 있을 것이다.

제2절 담임목사가 해야 할 일

1. 목회 패러다임을 전환해야 한다

교회성장 위주의 목회에서 개인에 대한 관심이 높아지는 오늘날 상담은 목회에 있어서 점점 중요한 위치를 차지

하고 있는 것이 현실이다. 그런데 문제는 아직도 대부분의
목회자들이 강단에서 설교를 하는 것은 중요하게 생각하면
서도 목회상담사역의 중요성은 인식하지 못하고 있다는 것
이다. 이에 대해 내래모어(Clyde M. Narramore)는 "상담
의 중요성을 인식하지 못한다거나 상담사역을 하지 않는
목사는 절름발이 목사라고 말할 수 있다."고 주장한다.277)

한편 한재희는 오늘날 성도들은 교회에서 영적인 지
도만이 아닌 심리적 치유와 돌봄을 요청하게 되었으며 참
된 인격적 교제를 갈망하게 되었다고 하면서, 새 천년을
맞이하면서 한국교회의 목회적 요구는 성장제일주의적 패
러다임에서 돌봄과 지역사회봉사라는 패러다임으로 그 방
향을 바꾸고 있는데 이는 시대적 욕구와 상황 속에서 불
가항력적으로 이루어지는 방향전환의 성격을 띠고 있다고
주장한다.278)

그런가 하면 심수명은 교회가 건강할 때 교회의 성장
은 자연스럽게 따라오듯이 성경적이고 균형 잡힌 목회철
학이 바르게 정립되어 있을 때 건강한 목회가 이루어지게
된다고 하면서, 기존의 목회 패러다임에서 상담목회에 필
요한 패러다임 전환이 있을 때 상담목회는 성공할 수 있
다고 말한다.279) 이들이 주장하는 것과 같이 지금 한국교

---

277) Narramore, (The) Psychology of Counseling: Professional Techniques for
    Pastors, Teachers, Youth Leaders, and All Who are Engaged in the
    Incomparable Art of Counseling, 11.
278) 한재희, "21세기 목회를 위한 인간실존의 이해와 목회상담"
279) 심수명, 사랑의 관계회복을 위하여, 402. 이 책에서 심수명은 지난 수세기 동
    안 기독교는 올바른 생각과 지식을 강조해 왔는데 감정적인 측면에 대한 고려가
    없거나 부족하여 인생에 산재한 고통을 간과해 온 측면이 많다고 지적하고 있다.

회는 기존의 목회 패러다임에 전환을 시도해야 할 때라고 생각된다.

오늘날 한국교회는 가정의 중요성은 알았으나 현실적으로 교회 구조가 가정 중심으로 되어 있지 않다. 그러므로 교회생활을 열심히 하면 할수록 참석해야 할 각종 모임이 많아지기 때문에 가족과의 친밀도가 떨어지게 된다. 사실 이같은 문제는 한국교회뿐만 아니라 다른 나라에서도 나타나는 현상이다. 이에 대해 챨스 셀(Charles M. Sell)은 다음과 같이 말한다.

교회의 행사들이 시간을 요하므로 가정과 경쟁이 된다. 게다가 가족들이 교회에 가면 종종 뿔뿔이 흩어진다. 그렇기 때문에 많은 교회지도자들이 가정생활 교육을 사람들의 여가 사용에 경쟁이 되는 행사로 보고 저항을 느낀다. 그러나 문제는 시간이 아니라 두 갈래로 갈라져 있는 데에 있다. 교회생활이 실제로 가정생활보다 더 두드러져 있다. 결코 그래야 하는 것은 아니다. 교회가 사람들로 하여금 가정생활보다 더 두드러진 행사에 참여토록 시키고 있으며 그러한 행사는 가정에 아무 도움도 되지 않는 것이다. 현재의 교회라는 조직이 잘못되어 있다. 그와 같은 교회의 형태에 대한 불평은 교회의 본질에 집중되어 있다.[280]

한편 심수명은 필자와의 인터뷰에서 "향후 한국교회는 목회상담사역에 힘쓰지 않으면 성도들을 제대로 돕기가 힘들 만큼 심리적, 관계적인 문제가 커질 것이므로 이 부분에 대하여 연구하고 고민해야 할 것"이라고 강조했다.

오늘날 한국교회는 부모님과 아이들이 다니는 교회가 다른 경우가 많아 부모님과 아이들이 각기 다른 신앙생활을 하고 있는 경향이 있다. 이는 한국교회의 구조적 문제다. 그러므로 한국교회는 온 가족이 한 메시지를 들을 수 있도록 하기 위해서 가족 중심의 프로그램을 만들어야 할 필요가 있다. 예를 들면 주일 오후에는 가족찬양예배로 드리거나, 매년 5월 한 달은 교회학교 예배 시간을 따로 두지 말고 온 가족이 함께 예배드리는 방법도 있다. 이때 어린이 설교를 먼저 하고 나중에 담임목사가 설교하는 형식을 취할 수도 있을 것이다.281)

가정은 교회를 필요로 하며 교회는 가정을 필요로 한다. 따라서 하나의 기관으로서의 교회와 그리스도인의 가정은 동전의 양면과 같이 밀접한 관계에 있다. 이 두 기관을 갈라 놓는다면 대동맥이 끊긴 것처럼 한쪽이, 혹은 둘 다 죽게 될 것이다.282) 그렇기 때문에 오늘날 한국교회는 변화되고 있는 가족들을 올바로 섬기기 위하여 교회가 변하지 않으면 결과적으로 가족이 교회를 변화시킬 것이다. 말하자면 이혼하는 가족이 증가하면 교회의 성도 수가 줄어들 것이고, 교회 안에서 이혼 가족이나 재혼 가족이 눈총을 받게 되면 그들은 교회를 떠나게 될 것이다.

280) Charles M. Sell, *Family Ministry: the Enrichment of Family Life through the Church* (Grand Rapids: Ministry Resources Library, 1981), 74-75.
281) 김휘현, 필자와의 인터뷰(2005년 10월 9일, 영락교회 봉사관 3층 상담소장실).
282) Sell, *Family Ministry: the Enrichment of Family Life through the Church*, 29.

교회가 삶의 위기 가운데 있는 성도들에게 상담 프로그램을 제공해 주지 못하거나 전문성이 결여된 상담 프로그램을 제공할 경우 성도들은 교회 밖에 있는 전문상담자들을 찾게 되고 그들에게서 비기독교적 가치에 근거한 행동을 하도록 충고를 받게 되는 경우가 있다. 그렇게 되면 교회는 성도들을 바로 돕지 못한 결과로 위기에 선 성도들을 교회 밖으로 내보내는 입장에 처하게 된다. 따라서 한국교회는 한국 가족들이 교회에 주는 영향들을 미리 예측하여 가족의 변화보다 한 걸음 앞서 교회 내의 변화를 이루어야 할 것이다.[283]

2. 목회상담사역에 대하여 올바르게 인식해야 한다

교회에서 목회상담사역을 활성화하기 위해서는 담임목사들이 목회상담사역에 대하여 올바르게 인식하고 다음과 같은 사항에 유의해야 한다.

첫째로, 교회에서 목회상담을 활성화하기 위해서는 대가를 지불할 각오를 해야 한다. 담임목사가 목회상담에 대해 어느 정도 이해하고 있다고 하더라도 목회상담을 활성화하기 위해서는 대가, 즉 더 많은 인력이나 예산, 그리고 장소 등이 필요하기 때문에 적극적이지 않을 수도 있다. 그러나 무슨 일을 하든 심지 않고 좋은 결과를 거둘 수는 없다. 그러므로 때에 따라서는 대가를 지불할 각오

---

283) 엄예선, 「목회 가정상담」, 180.

도 해야 한다. 목회상담을 활성화하기 위해 필요한 대가를 지불하면 반드시 그에 합당한 결과를 얻게 될 것이기 때문이다.

둘째로, 심리학이나 상담학에 대하여 경계심을 갖기보다는 그것들을 목회에 적극 활용할 수 있어야 한다. 우리나라의 보수적, 복음주의적인 교회의 목회자들은 대부분 기도와 말씀 외에 다른 방법으로 성도들의 문제를 해결하고 치유하는 것을 수용하기 어려워하는 경향이 있다. 그러나 목회자들이 심리학이나 상담학을 목회에 적극 활용하면 오히려 목회에 많은 유익을 가져오게 되는 것을 경험하게 될 것이다.

셋째로, 목회자의 설교만으로는 성도들의 문제가 다 해결되지 않는다는 사실을 알아야 한다. 상담사역은 비교적 많은 시간을 요하기 때문에 목회자들이 꺼려하며 상담사역에 투자를 하려고 하지 않는다.[284] 즉 목사는 설교자로서의 역할에 가장 큰 비중을 두어 사역을 해야 하기 때문에 비교적 많은 시간과 대가를 지불해야 하는 상담사역을 하는 것을 꺼려하는 경향이 있는 것이다. 이같은 현상은 한국교회에서 목회상담사역을 전문화하는 데 긍정적인 영향을 끼치기도 하지만 다른 한편으로는 일반 목회자들이 목회상담을 등한시하거나 더 이상 계발하지 않는 원인이 되기도 한다.

목회자들이 목회상담보다는 설교에 더 큰 비중을 두

---

284) 심수명, 필자와의 인터뷰 (2005년 9월 6일, 한밀교회 본관 3층 목양실).

어 사역하는 것은 설교를 통해서 성도들의 모든 문제를 해결할 수 있다는 신념 때문일 수도 있다. 그러나 설교가 성도들의 실제 문제를 상당부분을 해결해 주고 또 교회를 움직이는 데 가장 큰 역할을 하는 것은 사실이지만 대중을 상대로 하는 목회자의 설교만으로는 성도들의 문제가 다 해결되지 않는 것이 우리의 현실이다.

3. 상담적 기능을 수행하는 다른 목회적 기능을 통해서도 목회상담을 해야 한다

목회상담은 반드시 전문상담자를 통해 상담실에서만 이루어지는 것이 아니다. 목회상담은 소위 상담적 기능을 수행하는 다른 목회적 기능들을 통해서도 이루어질 수 있기 때문이다. 예컨대 설교는 가장 강력한 목회상담적 기능을 수행하는 요소가 될 수 있다.[285]

오든(Thomas C. Oden)의 주장과 같이 설교는 개인의 자기이해를 강화시켜 주기 때문에 상담을 도울 수 있으며, 상담은 설교를 더욱 풍성하게 해 줄 수 있다.[286] 클라인벨은 상담설교가 치료, 부양, 화해, 양육 등의 기능을 한다고 보았으며,[287] 클렙쉬와 재클(William A.

---

285) 박노권, "설교와 목회적 돌봄," Online: http://home.mokwon.ac.kr/~p1316/.
286) Thomas C. Oden, *Kerygma and Counseling: toward a Covenant Ontology for Secular Psychotherapy* (Philadelphia: Westminster Press, 1966), 26-27.
287) Clinebell, *Basic Types of Pastoral Care and Counseling: Resources for the Ministry of Healing and Growth*, 26.

Clebsch and Charles R. Jaekle)은 상담설교가 치료와 부양, 그리고 화해의 기능을 한다고 보았다.288) 또한 이기춘은 치유적 설교가 일종의 집단상담적 기능을 발휘할 수 있다고 보았으며289) 김만풍은 상담설교가 치료, 위로, 교육, 예방, 무장, 지원, 격려, 화해, 전도, 양육 등의 기능을 한다고 보았다.290) 그는, 상담설교는 성도들이 현실에서 당면한 필요를 해결하는 데 초점을 맞추고, 전인치료를 추구하며, 전인성장을 격려하고, 궁극적으로 전인구원을 목표로 한다고 주장한다.291)

목회자는 설교를 통해 개인적인 상담을 할 수는 없지만 대중적인 상담은 가능하다. 그렇기 때문에 목회자는 설교를 통해 성도들의 아픔과 상처를 위로하고 싸매어 주며 치유해 주는 대중상담에 힘써야 한다. 목회자가 정기적으로 목회상담적 주제들을 선정하여 설교를 하면 성도들을 일일이 개인적으로 만나서 상담하지 않아도 성도들의 상담적 욕구를 어느 정도 해소해 줄 수 있다.

따라서 목회자는 설교를 통해 성도들의 자존감을 높여 주고, 자신이 처한 상황에 대해 항상 긍정적으로 생각하고 소망을 품을 수 있도록 격려해 주어야 한다.292) 그

---

288) William A. Clebsch and Charles R. Jaekle, *Pastoral Care in Historical Perspective* (Englewood Cliffs: Prentice-Hall, 1964), 33. 김만풍, 「상담설교」 (서울: 크리스챤 서적, 1995), 54에서 재인용.

289) 이기춘, "한국교회와 상담목회의 실천 방향", 기독교사상편집부 편, 「한국교회를 위한 목회상담학」 (서울: 대한기독교서회, 1998), 91. 여기서 이기춘은 "인간의 고뇌와 문제를 다루는 상담적 설교는 다른 영역의 설교와 균형을 이루며 선포되어야 한다."고 주장한다.

290) 김만풍, 「상담설교」, 54-56.

291) 김만풍, 「상담설교」, 52-53.

렇게 하면 성도들은 자신이 처한 부정적인 상황을 믿음으로 재해석할 수 있는 능력을 키울 수 있게 되어 어떤 상황에서도 승리하는 삶을 살 수 있게 될 것이다.

목회상담에 관한 주제들은 예배293)와 평신도 성경교육,294) 그리고 각종 소그룹 모임 등을 통해서도 다루어져야 한다. 그리하여 성도들이 상담적 주제를 자주 접하고, 또 그것에 관하여 이야기하는 동안 상담의 중요성을 인식하도록 하는 것이 필요하다. 물론 상담의 어려운 주제에 대해서는 전문상담자의 도움을 받아야겠지만 일상적인 문제는 성도들 스스로가 서로에게 상담자 역할을 하게 하는 것도 필요하다.295) 그렇게 하면 성도들의 문제가 심각해지는 것을 방지할 수 있을 뿐만 아니라 문제를 미연에 예방할 수도 있기 때문이다.

그뿐만 아니라 목회상담은 심방을 통해서도 이루어져야 한다. 심방이란 목회자가 몸소 성도를 찾아가서 신앙의 유익됨을 가져오게 하는 행위로서 목회자가 성도를 만나 돌봄으로서 신앙성장에 유익을 가져오게 하며, 교회의 성장을 꾀하는 행위라고 할 수 있다.296) 따라서 상담자가 피상담자의 직장, 가정, 병원, 교도소 등으로 찾아가 심방

---

292) Hart, Gulbranson, and Smith, *Mastering Pastoral Counseling*, 41-51.
293) 박노권, "예배를 통한 목회적 돌봄,"
294) 예컨대 여의도순복음교회의 경우 교회 내 국제신학연구원 교육연구소에서 실시하는 평신도 성경교육 과정의 하나인 '신학아카데미'에서는 '순복음의 영성과 상담'이란 주제를 가지고 평신도들에게 목회상담교육을 실시하고 있다.
295) 여의도순복음교회 교회학교 고등부에서는 학생들 스스로가 서로에게 상담자 역할을 하는, 소위 '또래 상담'을 통해 효과를 보고 있다.
296) 이상운, 「목회학」 (서울: 한국장로교출판사, 1996), 107.

상담을 해야 한다. 피상담자가 상담실을 찾아가는 용기를 내기가 쉽지 않은 반면, 심방 시에는 피상담자들이 자연스럽게 자신의 문제를 내어 놓고 상담할 수 있을 뿐 아니라 상담자가 피상담자의 환경과 처지를 이해할 수 있기 때문에 심방상담은 목회와 성도들의 신앙성장에 매우 유익할 수 있다.[297]

오성춘은 심방교역에 상담적인 기술과 원리를 적용할 수 있는 가장 중요한 부분은 심각한 고통을 안고 있거나 과거의 감정적인 충격, 또는 억압으로 말미암아 고통을 당하고 있는 성도들을 주님의 보혈 앞에 서게 하여 마음의 상처를 치유 받고 부정적 감정들을 털어낼 수 있게 돕는 것이라고 본다.[298] 그는, 심방은 상담적 원리와 기술을 바르게 사용할 때 더욱 큰 효과를 얻게 될 것이며,[299] 상담의 원리와 방법을 심방에 활용하는 것은 시대적인 요청이요, 목회적인 당위성이라고 주장한다.[300]

이기춘도 심방의 기회야말로 한국적인 목회상황에서 상담목회를 수행할 수 있는 최적의 기회이므로 이를 대화의 목회로 발전시켜야 한다고 말한다.[301] 그러므로 목회자는 심방 시 목회상담의 효과를 극대화하도록 힘써야 할 것이다.

---

297) 임택진, 「목회자가 쓴 목회학」(서울: 대한예수교장로회총회, 1975), 190.
298) 오성춘, "상담기술을 어떻게 심방교역에 적용할 것인가", 「한국교회를 위한 목회상담학」, 기독교사상편집부 편 (서울: 대한기독교서회, 1998), 133.
299) Ibid., 135.
300) Ibid., 141.
301) 이기춘, "한국교회와 상담목회의 실천 방향," 93.

그 외에 여성에 대한 상담적, 대화적 돌봄을 통해서도 목회상담에 힘써야 한다.302) 여성은 성격 발달 과정이 남성과 다르고 태도와 사고방식, 가치관 등이 다를 뿐 아니라 남성과는 달리 신체적으로나 심리적으로 정서적인 반응에 더 민감하다.303) 그러나 아직도 한국의 문화풍토에서는 성도와 친근감을 유지하고 있는 목회자라 할지라도 여성과 관계된 부분들을 스스럼없이 대화하기가 쉽지 않다.

따라서 이런 분야들은 여성 교역자로 하여금 동질적 친근감을 가지고 상담적 대화를 나눌 수 있도록 배려할 필요가 있다.304) 또한 한국교회는 여성이 절대 다수를 차지하고 있음에도 불구하고 아직도 교회 안에서 남녀 간 성차별이 있는 것이 사실이기 때문에 목회자는 교회 안에서 여성들이 차별 대우나 소외감을 느끼지 않도록 하는 데에도 세심하게 신경을 써야 한다.305)

---

302) Riet Bons-Storm, *The incredible woman* (Nashville: Abingdon press, 1996), 15-21.

303) 윤종모, "가부장제도하의 여성", 「한국교회를 위한 목회상담학」, 기독교사상 편집부 편 (서울: 대한기독교서회, 1998), 387-388.

304) 이기춘, "한국교회와 상담목회의 실천 방향," 93-94.

305) Charlotte Holt Clinebell, *Counseling Liberation* (Philadelphia: Fortress Press, 1976), 3.

제3절 목회상담자와 전문상담자가 해야 할 일

1. 신학과 심리학의 통합적 안목을 가져야 한다.

현대 목회상담의 기초를 놓은 힐트너는 특히 미국의 목회상담운동에 지대한 영향을 끼쳤다. 그러나 그는 성경적인 목회상담의 개발보다는 심리학적인 목회상담 개발에 더 큰 영향을 준 사람으로서, 그의 주장은 말씀과 기도 자체의 능력을 무시하고 성령의 역사를 배제하며 단지 심리학적인 기능만을 주장하고 있다는 데 문제가 있다.[306]

필자는 모 교회상담소에서 실시하고 있는 상담교육에 참석하여 여러 차례 전문상담자들의 강의를 듣다가 크게 실망했을 뿐만 아니라 한국교회의 목회상담에 대해 우려한 적이 있다. 왜냐하면 대부분의 강사들이 심리학적인 면에 치우쳐서 강의를 진행했기 때문이다.

심리학은 인간의 경험을 특수화시키고 구체화시키는 장점을 가지고 있으며, 더 나아가 그러한 체험이 갖고 있는 함축적인 의미들을 과정적인 관점에서 관찰할 수 있도록 해 준다. 따라서 상담 과정에서 심리학 분야의 지식은 중요한 역할을 할 수 있다.[307] 예컨대 발달심리학은 출생으로부터 죽음에 이르는 생애 과정을 단계적으로 보여 주기 때문에 연령층의 심리문제를 이해하는 데 도움을 준

---

306) 오성춘, "목회상담의 기초로서 예수의 참여적 공감", 287-289.
307) Gary Collins, *Can You Trust Counseling* (Illinois: Inter Varsity Press, 1988), 17-20.

다.308) 그럼에도 불구하고 목회상담은 심리학만으로는 한계가 있다.

반면 모 교회상담소에서는 성경적인 상담을 강조하기 위해 제이 아담스의 이론을 가지고 상담교육을 실시하고 있다. 그러나 아담스는 성경을 떠난 상담을 인정하지 않는다. 그는 다음과 같이 말한다.

> 기독교상담자는 상담자와 내담자 모두에게 필요한 유일한 지침으로서 성경을 사용한다. 기독교상담자는 혼합주의를 거절하며, 하나님의 생각에 인간의 생각을 혼합시키기를 거절한다. 성실한 말씀의 설교자들이 하는 것처럼 기독교상담자들도 성경만을 유일한 하나님의 권위의 근원으로 삼으며, 모든 다른 것들을 성경의 가르침에 따라 판단한다....하나의 상담자리가 성경에서 가르치는 것들과 다르거나 성경에 없는 것이라면 그것은 잘못된 것이요. 만약에 성경이 가르치는 것과 같다고 한다면, 그것은 꼭 사용할 필요가 없다.309)

또 아담스는 하나님의 말씀을 주의 깊게 연구하고, 상담하는 사람들에 관해 성경의 원칙들이 어떻게 말하고 있는지를 관찰함으로써, 심리학을 공부하지 않고도 유능하

---

308) 이기춘, "한국교회와 상담목회의 실천 방향", 「한국교회를 위한 목회상담학」, 기독교사상편집부 편 (서울: 대한기독교서회, 1998), 89.
309) Jay E. Adams(1977). 오성춘, "한국교회 목회상담의 과제," 305에서 재인용. 처음 인용자가 원자료 출처를 구체적으로 명시하지 않음.

고 자신감 있는 기독교상담자가 되는 데 필요한 모든 정
보와 경험을 얻을 수 있다고 주장한다.[310] 아담스에 의하
면 성경에는 신앙생활에 필요한 모든 것이 들어 있기 때
문에 성경 외에 다른 자원들을 사용할 필요가 없다는 것
이다.[311]

크랩(Lawrence J. Crabb)도 성경이 상담에 관한 모
든 문제들에 대해 충분히 대답할 수 있다고 하면서, 심리
학과 신학의 통합적 접근을 잘못된 것으로 본다.[312] 그는
이 통합적 접근법을 토스트 샐러드(Tossed Salad)를 준비
하는 전략과 비슷한 것, 즉 맛있는 혼합물을 만들기 위하
여 여러 가지 요소들을 그릇에 함께 섞는 방법이라고 보
는 것이다.[313]

채규현 역시 성경적인 상담을 주장하며 신학과 심리
학의 통합적 상담을 경계한다. 그는 "기독교와 심리학은
서로 함께 할 수 없다. 심리치료는 하나의 종교이다. 상담
자는 내담자에게 상담자 자신 속에 신비로운 힘이 있다고
믿게 한다."고 하면서[314] 기독교와 심리학을 통합하려고

---

310) Jay E. Adams, *The Big Umbrella* (Philadelphia: Presbyterian and
   Reformed Publishing Company, 1972), 23-24, quoted in Collins, *Christian
   Counseling*, 25.
311) Jay E. Adams, *How to Help People Change* (Grand rapids: Ministry
   Resources Library, 1986), 29.
312) Lawrence J. Crabb, *Understanding People: Deep Longings for
   Relationship* (Grand Rapids: Zondervan Publishing House, 1987), 25-39.
313) Lawrence J. Crabb, *Effective Biblical Counseling* (Grand Rapids:
   Zondervan Pub. House, 1977), 35-40. 여기서 크랩은, 이 토스트 샐러드
   (Tossed Salad) 접근법은 성경에서 시작된 것이라기보다는 심리학적 사고에 성
   경적 개념을 첨가한 것이라고 주장한다.
314) 채규현, "목양과 목회상담과의 관계,"

하는 사람들은 그 의도가 어떠하다 할지라도 결과적으로 심리학의 원리를 교회로 들여와서 교회의 본질적인 믿음을 해롭게 하며, 필연적으로 비성경적인 해결책과 비성경적인 결과를 초래할 수밖에 없다고 주장한다.[315] 이처럼 한국교회의 목회상담사역은 아직도 심리학과 신학의 통합의 문제가 현존하고 있는 것이다.

그러나 효과적인 상담을 위해서는 심리학과 신학을 통합해서 활용할 줄 아는 지혜가 필요하다. 목회상담은 목회적인 차원에서 보면 신학과 관계된 것이며, 상담이라는 차원에서 보면 심리학과 관계된 것이기 때문에 심리학적인 인간이해를 위해서는 현대 심리학의 도움을 필요로 하며 성경적인 인간이해를 위해서는 신학의 도움이 필요하다.[316] 따라서 보다 효과적인 목회상담을 위해서는 신학의 기초 위에서 심리학 분야의 지식을 유효적절하게 활용할 필요가 있으며,[317] 신학과 심리학 중 어느 한쪽으로 너무 치우치거나 균형을 잃지 않도록 신학과 심리학의 통합의 문제를 항상 고민해야 한다.[318]

콜린스는 기독교와 심리학은 서로 반대의 입장에 서 있을 필요가 없음을 그리스도인 학생들과 심리학자들이 깨닫도록 도와줘야 한다고 말한다.[319] 나아가 그는 일반 심리학을 무비판적으로 수용하거나 거부하기보다는 기독

---

315) Ibid.
316) 한재희, "21세기 목회를 위한 인간실존의 이해와 목회상담,"
317) 사미자, "현대 사회와 목회상담,"
318) 홍인종, "한국 목회상담의 동향과 전망(초안),"
319) Collins, *Helping People Grow*, 22-23.

교적 관점에서 심리학을 평가하여 받아들일 것은 받아들이는 태도를 보여야 할 것이라고 주장한다.[320] 그런가 하면 오성춘은 다음과 같이 말한다.

> 목회상담자는 신학적인 훈련을 통하여 하나님의 교역을 바로 이해하고 기독교 신학과 신앙의 맥락에서 성도들을 도와야 하며, 동시에 심리학의 훈련과 심리치유(psychotherapy)의 기술과 방법을 읽혀 구체적으로 사람을 도울 수 있어야 한다. 목회상담자는 인간을 치유하고 하나님과의 올바른 관계에 서도록 사람들을 상담한다. 그러므로 인간의 정신기능과 심리를 바로 이해할 수 있는 심리학과 정신치유의 지식과 훈련을 쌓아야만 올바른 상담을 할 수 있다. 목회상담자는 신학과 영성의 훈련뿐 아니라 심리학과 정신치유의 훈련도 필요하다.[321]

오성춘은 한걸음 더 나아가 목회상담자는 네 가지의 지식을 하나로 통합시켜야 한다고 하는데, 그것은 이론 지식으로서 심리학과 신학의 통합 그리고 구체적인 실천 기술로서 영성과 심리치유와의 통합이 이루어져야 한다는 것이다. 즉 심리학과 신학은 목회상담자에게 필수적인 기초학문이기 때문에 목회상담자가 신학의 기초를 배우고 심리학의 이론을 습득하는 것은 필수적이요, 그 양자가

---

320) Ibid., 328-329.
321) 오성춘, "한국교회 목회상담의 과제," 304.

목회상담자 안에서 통합되어 상담상황에 일관성 있게 적용할 수 있어야 한다는 것이다.322)

한편 박노권은 목회상담학은 신학과 심리학의 만남이라고 보며,323) 이재훈은 목회상담을 신학과 심리학이라는 두 개의 학문이 서로 만나 상호 긴장과 갈등, 그리고 보완관계를 통해서 그 깊이와 폭을 넓혀가고 있는 학문으로 본다.324)

이처럼 기독교 신앙은 성경 말씀과 역사적인 전통에 기반을 두고 유지되어야 하지만 그 신앙을 담는 그릇은 그 시대와 문화에 따라 적절하게 바뀔 수 있어야 하듯이 목회상담도 그 시대 사람들의 문화와 학문과 교류하며 도전을 받을 필요가 있고 또 영향을 끼쳐야 할 책임이 있다.325) 그렇기 때문에 한국교회 목회상담이 본질적으로는 신학적이어야 하지만326) 심리학적인 면이나 신학적인 면인 어느 한쪽에 치우치지 않고 이 두 가지 면에 통합을 이루어 필요 적절하게 활용하는 지혜가 필요한 것이다.327)

---

322) 오성춘, "한국교회 목회상담의 과제," 311.
323) 박노권, "목회상담학," Online: http://home.mokwon.ac.kr/~p1316/.
324) 이재훈, "한국 심층목회상담의 전망", 「한국교회를 위한 목회상담학」, 기독교 사상 편집부 편(서울: 대한기독교서회, 1998), 55.
325) 이관직, "목회상담의 정체성," 36.
326) 이기춘, "한국교회와 상담목회의 실천 방향," 82.
327) 헌싱거(Deborah Van Deusen Hunsinger)는 목회상담자는 신학과 심리학을 어떤 단일한 통일체로 통합하려고 하지는 말아야 한다고 하면서, 신학과 심리학은 논리적으로 전혀 다르기 때문에 동격으로 둘 수는 없지만, 그둘이 하나의 인격으로 통합될 수 있다고 주장한다. Deborah van Deusen Hunsinger, *Theology and Pastoral Counseling* (Grand Rapids: Eerdmans, 1995), 6을 참조하라.

2. 한국사회의 문화적 배경을 이해해야 한다

오늘날 한국사회의 문화적 배경에는 유교가 있다. 물
론 무교와 불교 혹은 샤머니즘도 한국사회의 문화와 한국
인의 심성에 기저를 이루고 있는 부분들이 있지만[328] 한
국사회의 체제나 실제적인 가족문제, 그리고 가치관의 문
제에서는 유교가 압도적인 영향을 끼치고 있는 것이 사실
이다.[329] 이에 대해 박기순은 다음과 같이 말하고 있다.

오늘날 유교는 "우리의 전통문화"라는 말 속에서 겨
우 명맥을 유지하고 있을 뿐이다. 그러나 유교가 쇠퇴했
다고 해서 유교적 전통이 사라졌다고 보는 것은 큰 잘못
이다. 유교적 전통은 아직도 우리의 의식 속에 깊이 자
리 잡고 있으며 우리의 생각과 행동에 커다란 영향력을
행사하고 있다. 1989년도에 실시한 한국갤럽의 조사에
따르면 불성도의 경우 72%가, 개신교의 경우 63%가, 천
주교의 경우 61%가, 그리고 무종교인의 경우 70%가 유
교적인 의식성향을 지닌 것으로 나타났다(한국갤럽연구
소, 1990). 즉, 종교에 상관없이 약 70%에 가까운 한국
인들이 아직도 유교적 가치관을 갖고 있다는 것이다.[330]

---

328) 허긴, "한국의 전통적 종교가 기독교에 미친 영향", 침례신학대학 논문집 제1권
    (1977), 22. 김성기, "한국교회 예배의 이교적 요소: 무교, 불교, 유교를 중심으
    로"(신학석사학위논문, 장로회신학대학 신학대학원, 1990), 2에서 재인용.
329) 김동길, "한국의 전통 종교와 기독교의 미래", 『현대종교』, 1982년 9월호,
    57.
330) 박기순, "유교적 인간관계의 현대적 의미", Online: http://www.uwm.edu
    /~tslim/jungbook/hb12.htm.

한국 가정에서 행하여지는 장사의 예법과 제사의 예법은 유교의 가르침에 의한 의식이며 일상생활에서의 모든 말투나 몸가짐, 그리고 행동을 규정하는 예의범절의 의식이 대부분 유교적 가치관과 실천 규범을 알게 모르게 지켜 나가도록 하고 있다. 예컨대 우리의 전통적 가족 제도의 특징은 가부장 중심의 제도로서 남편과 남성(아들)이 우대받는 제도이며 유교 사상에 의한 여필종부와 부부유별의 부부 관계였다. 또 부자유친의 사상에 의한 아버지와 아들 간의 관계만 인정되었으며 장유유서에 의한 가족 구성원 간의 철두철미한 위계질서의 종적관계의 생활이었다.[331]

이러한 유교적 가치관과 규범은 오늘날 한국 가정의 현실 생활에 깊이 밀착되어 있다.[332] 그러나 이 유교적 가치관은 오늘날 우리 사회의 갈등 요인이 되고 있다. 유교의 기본이념이 아무리 진실하다 하더라도 그로부터 파생된 행동 강령이나 규범은 본질보다 형식을 더 중시하여 실리를 추구하는 현대인의 생리에 맞지 않기 때문이다.[333]

삼강오륜에 의거한 윤리를 중시한 유교는 계급적 인간관계를 형성하였고 자발적이고 자연스러운 내면적 윤리보다 외면적 윤리를 강조함으로써 실리보다는 체면이나

---

331) 심상권, "자녀의 정신건강을 위한 상담적 접근", 『한국교회를 위한 목회상담학』, 기독교사상편집부 편 (서울: 대한기독교서회, 1998), 163.
332) 현대사회연구소, 「2천년대를 향한 한국인상」 (서울: 현대사회연구소, 1982), 127.
333) 박기순, "유교적 인간관계의 현대적 의미"

다른 사람의 눈치를 의식하게 되는 기회주의적인 윤리관을 낳게 했다. 또한 유교의 윤리가 인간 욕망의 절제를 미덕으로 삼는 긍정적인 결과를 낳기도 했지만 동시에 그것은 지나친 관계의 경직성과 허례허식, 그리고 형식주의에 빠지는 결과를 초래한 것이다.[334]

그런가 하면 유교는 한국인의 남녀관에 대해 부정적인 영향을 주었기 때문에 대부분의 가정적 불화의 배경에는 이 유교적 가치관들이 자리 잡고 있다. 가문을 개인보다 우선시하고 아버지는 자식의 주인이 되며 남편은 아내의 주인이 되는 것 등 부부 관계, 자녀 관계, 고부 관계, 한국사회의 모든 가족문제의 배경에는 이러한 가정에 대한 왜곡된 유교적 가치관이 자리 잡고 있는 것이다.[335]

한국교회에서의 목회상담의 문제점 중 하나는 상담이 이러한 한국사회의 문화적 배경을 염두에 두지 않은 채 이루어지거나 목회상담자 자신도 유교적인 영향에서 벗어나지 못한 채 가부장적 사고에 기초하여 상담에 임하는 경우가 많다는 것이다. 그렇기 때문에 한국교회의 목회상담이 활성화되기 위해서는 먼저 목회상담자들의 한국사회의 문화적 배경에 대한 이해가 필요하며, 목회상담자 자신도 이러한 유교적인 사고방식에서 벗어나 철저히 성경적 가치관을 가지고 상담에 임해야 한다는 것이다.

---

334) 윤태림, 「의식구조상으로 본 한국인」 (서울: 현암사, 1973), 182-190.
335) 박기순, "유교적 인간관계의 현대적 의미."

3. 전인구원적 목회상담을 실시해야 한다

　전문상담자들이나 상담봉사자들 중에는 내담자들의 문제를 해결하는 데 있어서 무의식적인 면이나 심리적인 면을 강조한 나머지 영적인 면을 무시하는 경향이 있다.336) 반면 한국교회 목회자들은 아직도 성도들이 문제를 당해 고통을 호소할 때 모든 문제를 영적으로 해석하여 영적인 방법337)으로만 문제를 해결하도록 권하는 경향이 있다.338) 그러므로 자연히 성도들도 은혜 받고, 교회 일에 헌신하며, 열심히 기도하는 등 영적인 면에만 최선을 다하면 모든 가정의 문제나 개인의 심리적인 문제가 해결된다고 믿는다.339) 그럼에도 불구하고 우리나라의 현실은 이 두 분야를 연결해 주는 분야가 존재하지 않는 실정이다.340)

---

336) 일반적으로 정신과의사들은 내담자들의 문제를 영적으로만 보는 개신교 목사들이 환자를 망친다고 생각하는 경향이 있다. 엄예선의 주장(2006년 4월 14일 엄예선과 이메일 교환)과 같이 한국교회들은 정신과의사들의 이러한 반응을 심각하게 받아들여야 한다. 동시에 교회는 성도들의 문제를 정신적, 심리적인 측면에서 뿐만 아니라 영적인 측면에서도 관심을 가지고 돌봄을 제공해야 한다. 이에 대해서는 여의도순복음교회상담소장도 필자와의 인터뷰에서 같은 주장을 했다.

337) 여기서 '영적인 방법'이란 기도, 금식기도, 철야기도, 기도원에 가서 기도하는 것 등을 의미한다.

338) 심상권, "가정상담의 실제: 자녀/형제자매 동기간의 갈등을 중심으로", 「한국교회를 위한 목회상담학」, 기독교사상편집부 편 (서울: 대한기독교서회, 1998), 212. 목회자들도 내담자들의 문제가 정신적, 심리적, 영적으로 다를 수 있다는 것을 인정해야 한다. 필자와 인터뷰를 한 모 교회 목사는 상담을 배우기 전에는 대부분 참고 기도하라고 권면했지만 상담에 대해 알고 난 후부터는 상담을 잘못하면 오히려 역효과가 날 수 있다는 것을 알게 되었기 때문에 필요할 경우 전문가를 찾도록 권한다고 말했다.

339) 엄예선, 「한국교회와 가정사역」, 437.

340) 이재훈, "한국 심층목회상담의 전망," 73.

그러나 내담자에게 어떤 문제가 발생했을 때 그 문제의 원인은 영적, 유전적, 심리적, 환경적 요인 등 다양한 요인이 있을 수 있다. 따라서 상담자로서의 목회자는 무엇보다도 영적 특성을 지닌 인간으로만이 아닌 신체적, 심리적, 정서적, 사회적, 영적 관계성 속에서의 전인적인 인간이해가 필요하다.341) 그리고 내담자의 문제를 해결하기 위해 경우에 따라 영적인 방법을 취하기도 하고 전문가에게 위탁하는 등 통합적이고 통전적인 상담방법을 취해야 한다.342) 즉 내담자의 인격 회복과 영적 건강에 도

---

341) Fred J. Greve, *Pastoral Counseling a Study Guide* (Brussels: ICI, 1985), 88-96. 한편 베너(David Benner)는 성경적 심리학은 전인적인 심리학으로서 인간을 구성하는 몸, 혼, 영, 마음, 육체 등의 다양한 부분들은 결코 분리되거나 독립적인 요소로 제시되어서는 안 되며 각각 다른 방법으로 전체적인 인간성을 보는 것으로 이해되어야 한다고 말한다. David Benner, *Strategic Pastoral Counseling: Short-term Structured Model*, 50을 참조하라. 그런가 하면 하긴 (Kenneth E. Hagin)은 사람은 영으로서, 혼을 가지고 육체 안에 살고 있는 존재로 본다. Kenneth E. Hagin, *How You Can Led by the Spirit of God* (Tulsa: Faith Library Publications, 1991), 7, 박형렬, 치유목회학(서울: 도서출판 치유, 1994)에서 재인용.

342) 박형렬, 「통전적 치유목회학」 (서울: 도서출판 치유, 1994), 88-93. 심수명은 필자와의 인터뷰에서 다음과 같이 강조했다.

　　정신과 치료를 받아야 하는 경우 상담자가 위로는 할 수 있으나 치료는 할 수 없다. 따라서 '경미한 우울증'으로 어려움을 겪고 있는 경우는 교회에서 영적인 방법, 즉 기도, 금식기도, 철야기도, 기도원에 가서 기도하는 방법 등으로 치료하도록 권하지만, 심한 우울증 환자는 전문상담자나 정신과 의사에게 의뢰해야 한다.

　　그러나 필자는 엄예선의 주장(2006년 4월 14일 엄예선과 이메일 교환)과 같이 경미한 경우라도 영적인 방법과 아울러 정신건강 전문가들의 진단과 치료를 애초에 받는 것이 바람직하다고 본다. 한편 엄예선은 정신병 환자는 정신과 치료와 영적인 치료(기도, 예배, 심방 등)를 함께 받아야 한다고 하면서, 모든 정신병은 일단 기독교 정신과의사와 상의를 한 후 그분들의 동의 하에 필요하면 축사를 해야 한다고 주장한다. 즉 언제 축사를 하고 언제 안 할 것인가 하는 것을 목회자 혼자 결정하기보다는 교회 중직들과 함께 충분히 상의하여 교회 차원에서 기독교 정신과의사의 자문 하에 결정해야 한다는 것이다. 참조. 엄예선, 「한국교

움을 줄 수 있다면 필요한 모든 학문적 연구를 비롯하여
임상적 지혜와 신앙의 방법 등을 통합하여 사용할 수 있
어야 한다.343)

이재훈은 상담목회자의 이상적 모델은 치유자로서의
예수 그리스도라고 하면서 몸과 마음과 영혼의 치유자로
서의 그리스도의 길을 따르는 것이 목회자의 길이라고 말
한다.344) 또한 김세윤은 예수님의 치유사역은 사탄이 인
간에게 부여한 모든 종류의 연약함과 고통을 제거하고 하
나님이 인간에게 주시는 생명의 힘을 부여하는 것이라고
하면서 구원사역과 치유사역이 함께 가야 함을 강조한
다.345)

그런가 하면 한재희는 오늘날 한국교회의 성도들은
단순히 영적 지도만이 아니라 가정폭력과 부부문제, 고부
간의 문제, 자녀들의 비행 문제, 또는 우울증이나 강박증
같은 다양한 심리적, 사회적 요소들을 해결 받고 싶어 하
는 욕구를 드러내고 있기 때문에 목회자는 단순히 신앙적
지도만이 아닌 치유, 지탱, 인도, 화해에 이르게 할 수 있
는 전인적 돌봄의 필요성을 절감하게 되었다고 하면서,
21세기 교회의 현실에서 목회자의 기능은 다양성과 전문
성을 요구하고 있으며 특별히 목회적 돌봄이나 상처 입은
영혼의 전인적 치유를 위한 상담적 기능이 필수적으로 대

회와 가정사역」, 444.
343) Clinebell, *Contemporary Growth Therapies*, 188-212.
344) 이재훈, "한국 심층목회상담의 전망," 80.
345) 김세윤, 「복음이란 무엇인가?」 (서울: 두란노, 2003), 64-65.

두 된다고 주장한다.346)

오성춘도 인간의 모든 차원의 삶은 영적인 중심에 의하여 총체적으로 유기적 관계를 맺지 않으면 전인건강에 이를 수 없다고 말한다.347) 그는 인간의 모든 문제는 전인적인 문제이므로 전인적인 관점에서 부분적인 문제들을 포괄하며, 그 문제들을 풀어가기 위해 필요한 모든 자원들을 활용하며, 그 문제를 돕는 동안에 그를 궁극적인 문제로 인도하여 전인 완성을 할 수 있게 돕는 것이 목회상담의 근본적인 사명이라고 주장한다.348) 그런가 하면 콜린스는 '기독교상담의 문제'에 대하여 언급하면서 다음과 같이 말한다.

일부 그리스도인들이 인간의 문제를 영적인 문제와 심리적인 문제로 분리하여 생각하는 경향이 있다. 그리하여 영적인 상담은 내담자로 하여금 영적으로 성장하도록 돕고 죄를 깨닫게 하는 데에 관심을 갖는 반면, 심리적인 상담은 내담자의 억압, 혼란된 사고, 무의식의 영향, 문제를 유발하는 충동 같은 이슈들을 다룬다. 이처럼 심리적인 요소와 영적인 요소들을 따로 분리시키면 심리학과 신학의 통합은 점점 어려워지게 된다. 이러한 분리를 주장하는 사람들은 영적인 요소들이 인간의 삶에 의해 제한될 수 없다는 전제를 내세운다. 그러나 인간은

---

346) 한재희, "21세기 목회를 위한 인간실존의 이해와 목회상담".
347) 오성춘, "21세기 한국사회와 목회상담의 과제", 516.
348) 오성춘, "한국교회 목회상담의 과제", 308.

분명히 전인적인 존재이지 필요에 따라 나뉘어질 수 있는 개체들로 구성된 존재는 아니다. 대부분의 의사들은 신체적인 요소와 심리적인 요소, 영적인 요소들은 서로 분리될 수 없는 것임을 인정한다. 영적, 심리적, 신체적 요소들은 상호간에 밀접하게 관련되어 있고 서로에게 영향을 끼친다. 이러한 사실을 빨리 깨닫고 대처할수록 상담은 더욱 효과적이 될 것이다.349)

신앙적인 문제가 있는 사람을 치료하기 위해 심리학적인 기법으로만 접근하면 근본적인 문제는 해결이 안 된다. 예컨대 신앙적인 문제가 있는 사람을 정신병원에만 보내게 되면 오히려 사회성을 잃게 되어 폐인이 되는 경우도 있다. 그러므로 이같은 내담자의 문제해결을 위해서는 목회자나 신학적으로 잘 훈련된 평신도 지도자, 그리고 상담사와 중보기도자350) 등이 함께 사역하는 것이 필요하다. 즉 내담자를 총체적으로 돌보아야 하는 것이다.351)

일반적으로 내적치유를 위해 '축사'를 하는 경우가 많이 있다. 그러나 실제로는 '상한 감정'이 요인인 경우가 더 많다. 즉 내적 치유가 필요한 것은 자신의 결핍이나 결점 때문에 오는 경우가 많고 축사를 해야 할 경우는 아

---

349) Collins, *Helping People Grow*, 329-330.
350) 여기서 '중보기도자'란 가족이 될 수도 있고, 또 같은 구역 식구나 교회 중보기도 팀에서 사역하는 사람들이 될 수도 있다.
351) 오성춘, "목회상담은 어떤 특성을 갖는가", 「한국교회를 위한 목회상담학」, 기독교사상편집부 편 (서울: 대한기독교서회, 1998), 286.

주 적다. 따라서 이런 경우는 하나님과 사람에 대한 '관계 개념'이 바뀌지 않으면 계속 악화될 수 있기 때문에 먼저 세계관을 바꾸어 놓는 것이 중요하다.

그런가 하면 정신분열증에 걸린 사람에게도 축사를 하는 경우가 많이 있는데, 아키발트 하트(Archibald D. Hart)는 정신분열증을 육체적인 질병으로 본다. 그는, 정신분열증은 육체적인 질병으로서 뇌의 화학 작용상의 결함 때문에 일어나는 질병이기 때문에 정신분열증에 걸린 사람들을 약물로 치료할 수 있다고 말한다.[352] 이에 대해 정신과 전문의인 김진은 「정신분열증에 대해 나누고 싶은 이야기」 라는 그의 저서에서 정신병이 발생하는 주된 원인과 치료 방법을 나름대로 명확하게 밝히고 있을 뿐만 아니라, 정신병과 귀신 들림을 어떻게 분별하고 이해할 것인가에 대해 구체적인 사례를 들어 비교적 잘 분석하고 있다.

이 책에서 그는, 정신병의 원인은 기본적으로 생물학적인 이상에 기인하고 있기 때문에 주된 치료는 생물학적 이상을 바로 잡는 약물치료라고 말한다. 또한 그는, 정신병은 뇌에 어떤 물질의 균형이 깨어져 뇌가 더 이상 정상 기능을 수행하지 못함으로 인해 발병하게 되는데 약물을 투여함으로 불균형이 점차 회복되면서 정신병에서 회복될 수 있기 때문에 그 생물학적 불균형을 바로 잡기 위해서는 생물학적 처치(약물 복용)가 필요하다고 말한다.[353] 그

---

352) Hart, Gulbranson, and Smith, *Mastering Pastoral Counseling*, 57.

러면서 그는 다음과 같이 강조한다.

> 정신분열증의 주된 치료는 약물을 통한 치료입니다.
> 그러나 정신분열증이 생물학적 차원에 주된 원인을 갖고
> 있다고 하지만, 인간은 생물학적인 차원에 걸쳐 있기는
> 하나, 이를 넘어서는 정신적·영적 존재이기 때문에 치
> 료에 있어서 정신적·영적 차원의 영향을 받지 않을 수
> 없습니다. 또 궁극적인 치료의 대상은 정신분열'병'이 아
> 니라 정신분열증을 앓는 '사람'이기 때문에 전인적인 접
> 근이 필요한 것입니다. 단지 병을 치료한다고 하여 사람
> 이 치료되는 것은 아닙니다.[354]

따라서 목회상담자는 정신분열증 환자들을 돌봄에 있
어서 정신분열증의 기질적인 측면들을 충분히 인정하여
정신과전문의들에게 위탁함과 동시에 '정신분열병'이 아니
라 '정신분열증을 앓는 사람'에게 초점을 맞추기 위하여
말씀, 기도, 소집단 경험, 상담 등을 통한 영적인 돌봄을
지속해야 할 것이다.

한편 전인적 구원이 목표인 목회상담은 내담자들의
문제를 해결하여 성숙된 그리스도인이 되게 하며 영혼구
원으로 인도함이 기본 명제라고 할 수 있다.[355] 그러므로
상담사역 시 영혼구원사역까지 겸해야 한다.[356] 예를 들

---

353) 김진, *정신분열증에 대해 나누고 싶은 이야기* (서울: 뜨인돌, 2001), 63.
354) Ibid., 93.
355) 한재희, "21세기 목회를 위한 인간실존의 이해와 목회상담".

면 교회 중직 자녀가 신앙생활을 하지 않는 경우 결혼 전
에 상담 전문 교역자를 만날 수 있게 하는 것이 좋다. 그
리고 교회 중직 자녀가 신앙생활을 하지 않는 경우 결혼
전에 상담 전문 교역자를 만날 수 있게 해야 한다.

　　지구촌교회는 담임목사가 주례할 경우 상담소장을 먼
저 만나게 하여 5주 과정의 교육을 통해 복음으로 변화시
키게 한다.[357] 온누리교회에서도 교회 내에 정신과 치료
가 필요한 내담자들을 돕기 위한 '한마음 코이노니아'[358]
라는 부서가 있어서 필요한 경우 내담자들을 그 곳에 위
탁하게 된다. 그리고 영적인 치료[359]가 필요한 내담자들

---

356) 지구촌교회상담소에서는 불신자가 상담을 요청한 경우 연간 50-60세대를 교회
　　에 등록시키고 있다. 2005년 상반기에도 20세대 정도를 등록시켰다. 한편 이 교
　　회상담소에서는 문제해결 과정 속에 반드시 하나님과의 관계를 체크한다. 신앙이
　　연약한 경우 성경공부와 목장, 그리고 셀 리더 등에게 연결시켜 양육 프로그램을
　　받게 하며, 신혼부부의 경우 소그룹으로 만난다. 또한 온누리교회에서는 교회 내
　　에 정신과 치료가 필요한 내담자들을 돕기 위한 '한마음 코이노니아'라는 부서가
　　있어서 필요한 경우 내담자들을 그 곳에 위탁하게 된다. 그리고 영적인 치료가
　　필요한 내담자들은 목회자들에게 보내거나 그 외에도 내적치유학교, 하나님의 가
　　정훈련학교와 같은 교회 내 연계된 부서에 보내는 등 전인구원적인 상담에 힘쓰
　　고 있다.
357) 나희수, 필자와의 인터뷰 (2005년 9월 13일, 지구촌교회 분당성전 3층 상담소
　　장실).
358) 이는 송탄신경정신과 원장인 차준구 장로 부부가 책임을 맡고 있으며, 매주일
　　11시 30분에 정신병자와 그의 가족들을 위한 예배와 소그룹 모임이 마련되어 있
　　다. 예배 후에는 차준구 장로에게 직접 상담을 받을 수도 있다.
359) 여기서 '영적인 치료'란 죄를 범하거나 하나님의 뜻에 불순종하는 등 영적으로
　　병든 사람이 주의 종의 권면이나 책망, 그리고 기도 등을 통해 영적으로 다시 회
　　복되는 것을 의미한다. 즉 내담자들 중에는 하나님과 올바른 관계를 갖지 못해
　　여러 가지 환란 가운데 있으면서도 그 이유를 깨닫지 못하여 상담자를 찾는 경
　　우도 많이 있다. 이러한 사람들은 먼저 하나님과의 관계를 올바르게 하는 영적인
　　치료가 필요한 것이다. 예컨대 다윗은 밧세바와 간음죄를 범한 이후 영적으로 병
　　들게 되었다. 그래서 밧세바의 남편인 우리아를 살해하는 죄를 범했다. 그러나
　　다윗은 나단 선지자를 통해 죄를 깨닫고 회개함으로 영적인 치료를 받아 다시
　　하나님과 올바른 관계를 회복하게 되었던 것이다(참조. 삼하 11:1-12:23; 시 51
　　편).

은 목회자들에게 보내거나 그 외에도 내적치유학교, 하나
님의 가정훈련학교와 같은 교회 내 연계된 부서에 보내는
등 전인구원적인 상담에 힘쓰고 있다.

또한 동안교회상담실도 예수 그리스도의 사역이 전인
구원적 사역이기 때문에 전인구원적 목회상담을 하는 것
을 목표로 삼고 있다. 내담자의 모든 문제는 결국 영적인
문제와 불가분의 관계이기 때문에 전인구원적 상담에 힘
써야 하며, 그렇게 하기 위해서는 상담자가 항상 영적으
로 깨어 있어야 한다.

4. 자신의 건강관리에 힘써야 한다

목회상담이 전인구원적 상담이 되기 위해서는 목회상
담 담당자들이 먼저 건강해야 한다. 상담자가 상담에 대
한 이론을 어느 정도 습득했다고 해서 좋은 상담을 하는
것은 아니다. 상담이론에 대해 지식을 쌓는 것도 중요하
지만 그보다 더 중요한 것은 상담자 자신이 먼저 건강한
마음과 자세를 가져야 한다. 상담자의 정신적 건강은 상
담 과정에 밀접한 연관이 있다. 특히 상담자의 인성은 내
담자에게 십분 노출되기 때문에 상담자 본인의 정신건강
을 유지하기 위해 늘 노력해야 한다.[360] 이재훈은 목회상
담은 상담자의 정신적인 성숙을 전제로 하고 있다고 하면
서 목회상담자 자신의 건강과 성숙은 목회상담의 전제와

---

360) 정소영, 「상담과 기독교 교육」, 283.

기초가 된다고 말한다.361)

　따라서 목회상담 담당자들은 자신의 능력을 과용함으로 고갈(burn out) 되는 일이 없도록 힘써야 하며, 이를 위해 종종 자신을 돌아보는 기회를 갖고 목회상담에 대한 의식을 고취해야 한다.362) 주님께서 말씀하신 2대 강령은 하나님 사랑, 이웃 사랑, 자기 사랑의 순서가 아니라, 하나님 사랑, 자기 사랑, 이웃 사랑의 순서이다. 그렇기 때문에 한국교회에서 전인구원적 목회상담이 활성화되기 위해서는 목회상담 담당자들이 이웃 사랑보다 자기 사랑이 먼저라는 것을 깨닫고 자신의 영육간의 건강관리에 힘써야 한다.363) 이에 대해 오스왈드(Roy M. Oswald)는 목회자의 영과 육이 건강하지 못하면 사역이 불가능하게 된다고 하면서,364) 목회자가 자신을 잘 관리하지 못하면 목회자 자신에게만 상처일 뿐 아니라 성도들에게도 유익을 줄 수 없다고 말한다.365)

　목회자는 사람들의 건강과 전인적인 성숙을 다루는 분야에 종사하는 자들로서, 전인적인 성숙을 이루고자 하는 여정에서 목회자가 건강하면 건강할수록 다른 사람을 섬기는 사역이 보다 더 효과적이 된다. 그렇기 때문에 상담자는 다른 사람을 돌보기 전에 자신이 먼저 휴식하는

---

361) 이재훈, "목회상담에서 이해의 문제", 「한국교회를 위한 목회상담학」, 기독교
　　사상편집부 편 (서울: 대한기독교서회, 1998), 302.
362) Timothy Foster, *The Handbook of Christian Counseling* (Nashville:
　　Thomas Nelson Publishers, 1995), 116-117.
363) 심수명, 필자와의 인터뷰(2005년 9월 6일, 한밀교회 본관 3층 목양실).
364) Oswald, 「목회자의 자기관리」, 14.
365) Ibid., 15.

방법들을 습득하여 스트레스를 해소하는 것이 중요하다.366)

오스왈드는 목회사역은 우리 사회에 유일하게 남아 있는 다기능 전문직이라고 하면서, 목회자는 여러 방면에 관련되어 일하는 전문직의 사람으로서 그 역할을 잘 감당하기 위해서는 항상 건강함을 유지해야 한다고 말한다. 또한 그는 전인적인 건강은 육체적인 건강, 정서적인 건강, 지적인 건강, 영적인 건강 등 네 가지 차원에서 동시에 일어나게 된다고 주장한다.367) 나아가 그는 우리의 몸과 마음에 가해지는 스트레스의 영향력을 누그러뜨릴 수 있는 방법으로 묵상과 바이오피드백, 그리고 자율훈련법과 하타 요가 등이 있다고 소개하면서,368) 하루 중에서, 일주일 중에서, 3개월에 한 번씩, 1년 단위로, 안식년 단위로 정기적인 휴식을 갖는 것이 필요하다고 말한다.369)

한편 '사랑'을 전인건강의 핵심으로 꼽는370) 클라인벨은 우리가 몸을 활성화시키는 훈련, 건강한 영양 공급, 충분한 휴식, 신체적인 만족 등을 통하여 정기적으로 몸을 관리하면 보다 건강한 삶을 즐길 수 있을 것이라고 말한다. 나아가 그는 우리가 몸 관리를 소홀히 하면 우리의

---

366) Howard W. Stone, *Using Behavioral Methods in Pastoral Counseling* (Philadelphia: Fortress Press, 1980), 16-17.
367) Oswald, 「목회자의 자기관리」, 20-21.
368) Oswald, 「목회자의 자기관리」, 147-154. 오스왈드는 여기서 하타 요가를 동양 종교의 한 부분에 두기보다는 건강과 이완의 목적으로, 우리 몸의 모든 중요한 근육들을 체계적으로 스트레칭하여 주는 과학의 한 부분으로 본다고 말한다.
369) Ibid., 155-162.
370) Howard J. Clinebell, 「전인건강」 *(Well Being)*, 이종헌, 오성춘 역 (서울: 한국장로교출판사, 2000), 20.

정신적·영적 전인성에 좋지 않은 충격을 줄 수 있다고 하면서, 우리가 몸을 건강하게 관리하면 우리의 영적 전인성을 포함해서 총체적인 전인건강에 강력한 기초를 놓게 될 것이라고 주장한다.[371)

그러므로 목회상담자는 다른 사람들을 돌보기 전에 먼저 운동, 식습관관리, 정신치료, 시간관리, 웃음, 취미활동과 사랑하는 삶을 통해 자신의 전인적인 건강관리에 힘써야 한다.

5. 상담의 효과를 정기적으로 평가해 보아야 한다

목회상담자는 신실한 그리스도인 청지기로서, 개인상담자로서, 그리고 하나의 지역교회로서 하고 있는 일을 정기적으로 평가해 보아야 한다. 상담의 효과를 제대로 평가하려고 하면 고도의 연구 기술이 요구될 것이지만 일반적이고 일상적인 평가도 도움이 될 수 있다. 그러므로 매시간 면담이 끝날 때마다 '내가 잘 한 것은 무엇이며, 잘못한 것은 무엇인가?' 또 '어떻게 하면 상담을 보다 효과적으로 할 수 있을까?' 등의 질문을 스스로에게 던져 보아야 한다.[372) 예컨대 내담자와의 약속시간은 잘 지켰는지 살펴보아야 한다.

일반적으로 목회자가 사역에 전념하다 보면 바쁜 일

371) Ibid., 103.
372) Collins, 「교회지도자를 위한 효과적인 상담」, 83.

정을 보내게 되고, 또 피치 못할 급한 일 때문에 내담자
와의 상담 약속시간을 어기게 될 수도 있기 때문이다. 그
리고 될 수 있으면 내담자와의 약속시간을 어기지 않도록
노력해야 한다. 왜냐하면 문제를 당한 사람은 그렇지 않
은 사람보다 훨씬 더 많이 마음의 상처를 받을 수 있기
때문이다. 한편 보다 효과적인 상담을 위해서 내담자가
녹음하는 것을 허락했다면 비판적인 귀로 면담 과정을 들
어볼 수도 있을 것이다.373)

　　보다 일반적인 차원에서 교회지도자들은 주기적으로
자신이 성도들의 필요를 충족시키고 있는지, 그들의 문제
를 해결하는 데 도움을 주고 있는지, 그리고 그들의 영적
성장을 도와주고 있는지 스스로 자문해 보아야 한다. 때
때로 세심하게 체계적으로 작성된 질문서는 귀중한 평가
를 내리는 데 도움을 주어 미래의 프로그램을 계획하는
데 좋은 영향을 미칠 수 있기 때문이다.374)

　　만일 목회자와 평신도가 상담기술을 훈련받고 교회
프로그램이 정신건강을 촉진하는 방향으로 고안되고, 전
문적인 기독교상담을 받을 수 있게 해 주고, 상담 프로그
램을 수시로 재평가한다면 상담은 훨씬 더 효과적이 될
것이다.375) 한편 상담 프로그램의 효과에 대하여 측정하
기 위해 내담자들로부터 그들이 도움 받은 정도에 대해
무기명 설문 조사를 통한 피드백을 받을 필요가 있다. 즉

---

373) Collins, 「교회지도자를 위한 효과적인 상담」, 84.
374) Ibid.
375) Ibid., 85.

상담자뿐만 아니라 내담자들의 반응에 대해서도 정기적으로 평가할 필요가 있다.[376]

6. 서구 상담학 이론을 무분별하게 도입하지 말아야 한다

1970년대 이후 한국교회의 목회상담학은 발전을 거듭하여 지금은 상담요청도 많아졌고 그에 따른 상담교육의 필요성이 날로 증가하는 추세이다. 그런데 문제는 서구의 상담학 이론들이 무분별하게 들어오고 있다는 것이다. 심상권은 현재 한국교회 목회상담학에 대해 다음과 같이 지적한다.

> 우리나라 현대 목회상담학 분야에도 일차적으로는 서구의 상담학 이론들이 무비판적 상태로 도입되고 있는 실정에서, 과연 이것들이 얼마나 우리에게 도움이 되고 있는지 많은 의구심을 자아낸다. 하루속히 우리나라 현대 목회상담학자들도 서구의 황당무계한 이론의 틀에서 벗어나 우리나라 성도들을 비롯한 한국인들의 정서와 사회적 현실을 잘 반영한 한국적 목회상담학 교과서가 하루속히 집필되도록 필자 자신부터 책임을 느끼며 질타해 보는 심정을 감출 수 없다.[377]

---

376) 엄예선, 2006년 8월 23일 엄예선과 이메일 교환.
377) 심상권, "현대 목회상담이론 형성과 그 과제", 380.

따라서 외국에서 개발한 상담 모델들을 한국에 도입
하였으면 그것을 한국에서 실시하고 평가하는 과정을 거
쳐야 한다.378) 즉 서구 상담학 이론들을 한국교회에 도입
하였으면 그것을 적용한 후 어떤 이론을 어떻게 적용할
때 가장 효과가 있으며, 또 한국교회의 문화에 가장 적합
한 상담 모델이 무엇인지를 연구해야 한다. 또한 한국교
회의 목회상담이 활성화되기 위해서는 한국교회의 목회상
담자들이 '문화적 자각'이라는 통시적 안목을 지니고 있어
야 한다. 즉 서구에서 개발된 상담이론과 기법을 한국의
문화풍토에서 실천하기 위해서는 한국적 문화체계 속에서
형성된 한국인의 의식구조를 한국적 준거 기반 위에서 파
악해야 한다는 것이다.379)

제4절 상담소와 상담전문기관이 해야 할 일

1. 교회지도자들에게 목회상담에 대한 교육을 실시해야 한다

각 교회상담소나 상담전문기관에서는 교회에서 실제
적으로 성도들과 만나고 그들을 목회적으로 돌보는 모든
사람들, 즉 담임목사를 비롯하여 부교역자, 장로, 권사,
집사 등에게 목회상담에 대한 기본적인 교육과 훈련을 실

---

378) 엄예선, 2006년 8월 23일 엄예선과 이메일 교환.
379) 이기춘, "한국인의 감정표출 방식과 상담목회", 「한국교회를 위한 목회상담
　　학」, 기독교사상편집부 편 (서울: 대한기독교서회, 1998), 98.

시해야 한다. 왜냐하면 목회적 돌봄의 자리에 있는 사람
들이 인간의 기본심리조차 잘 알지 못하면서 상처 입은
사람들을 잘 돌볼 수 없기 때문이다.

실제로 교회지도자들이 상처 입은 성도를 위로할 목
적으로 신앙적인 권면을 하지만 오히려 그들의 상처를 더
깊게 하는 경우가 많은데, 이는 정상적인 심리 상태를 가
진 사람과 위기에 처한 사람들의 심리 상태를 구별하지
못하는 데서 오는 결과이다.[380]

〈표 1〉 교회지도자들을 위한 목회상담교육 프로그램

교육 내용	강사	교육 과정
상담학 개론 목회상담의 기본자세 기독상담의 이론과 실제 인간관계와 대화기법 정신분석에서 본 인간이해 역기능 가정과 성인아이 청소년 이해와 상담 가정의 위기상담 현대인의 스트레스와 정신건강 크리스천의 분노와 용서 크리스천의 가정과 성 상담 성경적 상담과 성령의 치유 호스피스와 장례문화 등	전문 상담자	약 10강

---

380) Charles V. Gerkin, *Crisis Experience in Modern Life* (Nashville: Abingdon Press, 1989), 39-73.

그렇기 때문에 상담소나 상담전문기관에서는 목회자들에게 목회상담에 대한 임상교육과 훈련을 실시해야 함은 물론이고 심방을 주로 하는 교역자나 구역에서 구역식구를 돌보는 구역장들도 필수적으로 상담교육을 받도록 해야 한다. 또한 장로들도 이런 교육을 받아 목회상담에 대한 이해를 넓히고 목회상담사역에 종사하는 사람들을 적극적으로 후원하도록 해야 한다. 이를 위해 위의 〈표 1〉을 참조하여 각 교회의 실정에 맞게 활용할 수도 있을 것이다.

한편 이 프로그램은 교육 대상자에 따라 교육의 내용을 약간 달리할 수 있다. 예컨대 교육 대상자가 목회자인 경우에는 목회상담 관련 내용을 부각시키고 또 장로나 권사인 경우에는 은퇴와 노년의 건강문제, 호스피스, 죽음의 위기, 장례문화 등을 부각시켜 교육하면 좋을 것이다. 그리고 교육 대상자가 비교적 젊은 연령층일 경우에는 자녀문제, 결혼생활의 위기, 중년의 위기 등에 대해 심도 있게 다루면 보다 효과적인 교육이 될 것이다.

미국목회상담자협회(American Association of Pastoral Counselors)는 유능한 목회상담자의 바람직한 자격 요건을 제시한 바 있다. 이들 자격 요건에는 대학과 신학교 학위, 목회상담 석사학위, 안수, 교단 내의 좋은 평판, 3년 간의 목회 경력, 6개월 간의 임상훈련, 감독 하에 평가를 받는 150시간의 상담 경험, 그리고 개인적인 치료가 포함된다. 또한 미국의 경우 대부분의 신학교와 기타 교육기관에서는 상담을 필수과목으로 강의하고 있으며, 바쁜 목회생활을 하면서 더 많은 상담훈련을 필요로 하는 사람들을 위하여 '목회자과정'을 개설하고 있다.[381]

    우리나라에도 근래 임상목회 훈련과정(CPE: Clinical Pastoral Education)을 통해서 상담훈련을 받을 수 있는 길이 목회자들에게 열려 있고, 또 성장상담연구소라든지 가톨릭의 사목상담연구소 등의 상담기관들이 생겨나고 있다.[382] 그러므로 상담소나 상담전문기관에서는 목회자들뿐만 아니라 부교역자, 장로, 권사, 집사 등 교회의 지도자들이 이러한 교육의 기회를 이용할 수 있도록 적극 도와야 한다.

2. 상담소들이 네트워크를 형성해야 한다

    한국교회의 목회상담이 활성화되기 위해서는 각 교회 상담소들이 네트워크를 형성하여 정보와 시스템을 공유하고 서로 협력해야 한다.[383] 예컨대 목회상담을 성공적으로 실시하고 있는 교회상담소의 특징이나 구조, 그리고 경험과 사례 등을 공개하여 다른 교회상담소들이 참고하게 하면 좋을 것이다. 또한 각 교회에서 목회상담 프로그램을 도입하기 이전과 이후에 나타난 구제적인 변화들을

---

381) Collins, 「교회지도자를 위한 효과적인 상담」, 82.
382) 이재훈, "한국 심층목회상담의 전망", 「한국교회를 위한 목회상담학」, 기독교사상 편집부 편(서울: 대한기독교서회, 1998), 76.
383) 심수명, 필자와의 인터뷰(2005년 9월 6일, 한밀교회 본관 3층 목양실).

공개하면 새로운 목회상담 프로그램을 실시하고자 하는 교회로 하여금 시행착오를 줄이게 하는 데 도움을 줄 수 있을 것이다.

한편 각 교회상담소가 가지고 있는 위탁상담기관들에 대한 정보도 서로 공유하면 보다 효과적인 상담사역을 할 수 있을 것이다. 안산동산교회 동산가정상담실과 서울의 모 교회상담실에서 위탁하는 상담기관을 참조하면 각각 〈표 2〉, 〈표 3〉과 같다.384)

또한 목회상담 관련 프로그램을 교회마다 각기 실시하기보다는 같은 지역교회나 같은 교단 차원에서 상담 전문교육 프로그램을 분담하여 개발할 필요가 있다. 그렇게 하면 상담의 전문성도 높일 수 있고 재정적인 면에서도 절약이 될 것이다. 즉 A라는 교회에서 아버지학교, 어머니학교 등의 프로그램을 계발하여 발전시키면 B라는 교회에서는 결혼예비학교나 부부세미나 등을 계발하고, 또 C라는 교회에서는 중독자 회복 프로그램을 지속적으로 계발하고 발전시킬 수 있을 것이다. 이렇게 각 교회가 분담하여 계발한 프로그램을 같은 지역교회나 같은 교단 교회가 함께 공유하게 되면 전문성도 높일 수 있고 재정적인 면에서도 절약이 될 것이다.

---

384) 이는 안산동산교회 동산가정상담실 총무인 김명애 권사와 서울의 모 교회상담소장이 제공한 자료이다.

〈표 2〉 안산동산교회 동산가정상담실의 위탁상담기관

분류	기관 및 상담료	전화
가정폭력		국번 없이 1366
학교 폭력		국번 없이 1388
아동상담	아동발달지원센타 (언어장애치료 2만원) 발달장애 및 정서장애 놀이치료 (2만 5천원)	031-410-2151
	YMCA 아동상담소 (놀이치료, 미술치료 3만원)	031-484-0100
	빈첸시오 가족지원상담센터 놀이치료(2만 5천원)	031-501-0033
	한빛아동센터(놀이치료 4만원)	031-411-8266
청소년상담	안산시 청소년상담실	031-481-3181 482-1318
정신과 상담	고대병원 정신과(심리검사 가능)	031-412-5140
	임동수 신경정신과	031-1285
	윤신경 정신과	031-1285
법률상담	천일천 법무사	031-410-9484 011-416-9009
	김근철 변호사	031-475- 2255
	박준연 변호사	031-475-7400- 2
세무상담	김병옥 세무사	031-405-0470 011-733-8999

노동문제 상담	박향효 근로자 노동문제	010-4321-4285
민원문제 (회계 및 세무)	이철연 단원구 민원 봉사과장	031-411-0880
알코올중독	한국회복사역연구소(고병인)	02-591-8771 011-328-8771

〈표 3〉 서울의 모 교회상담실의 위탁상담기관

기관	전화	기관	전화
서울정신분석연구소 (이용승 선생)	592-4531 019-212-0055	기독여성상담소 여성의 전화	2266-8275 2263-6464
치유목회연구원	3478-7646		
두란노	797-5942		
기독가족상담소	790-7142		
세브란스 상담실	361-6134, 6113	연세로뎀정신과	702-2052
		용인정신과 (이종국, 이주호 선생)	031-288-0221 031-288-0260
		최수호 정신과	3474-1004
		차준구 송탄정신과	031-666-9620
		박성숙 정신과	521-0047

청소년상담자 서울시청소년상담실	730-2000 2285-1318	김진	
		노인치매가족전화	396-9007
		단도박 상담소	2295-1728
기독상담훈련원 (황규명 교수)	02-532-3363 011-9118-4541	알코올중독자선 교회	3672-9511 533-5670
서초건강센터 (만성정신질환, 재활)	3477-2442 (권자영사회복 지사)		
목회상담센터	393-0052		
뉴라이프 상담실	3412-0691	현대종교	439-4391, 4392
기독교가정연합회	031-905-1904		
김영애 가족치료	6377-6150		

　　현재도 아버지학교나 어머니학교, 그리고 결혼예비학교나 부부세미나 등은 서울 시내 여러 교회에서 이미 전문적으로 계발하여 실시하고 있기 때문에 같은 지역이나 같은 교단 교회라면 굳이 같은 프로그램을 신설하려고 하기보다는 이미 실시하고 있는 교회에 성도들을 보내 교육을 받게 하는 것이 좋을 것이다. 그리고 자기 교회는 다른 프로그램을 계발하여 이웃 교회와 프로그램을 공유하도록 하면 한 교회에서 모든 프로그램을 실시하는 것보다 훨씬 효율적으로 프로그램을 활성화할 수 있을 것이

다.385)

그런데 이를 보다 효과적으로 시행하기 위해서는 상담소를 맡은 책임자들이 정기적으로 만나 서로 정보를 교환하고 자기 교회보다 타 교회가 더 전문적으로 다루고 있는 상담 분야에 대해서는 내담자를 그 곳에 보내어 상담을 받도록 배려할 필요가 있다.386)

나아가 상담소들이 연합하여 상담자들을 도와주어야 한다. 즉 상담소들이 연합하여 각 교회에서 사역하는 상담자들과 그들의 가정을 상담해 주고 지원하는 프로그램을 계발하여 상담자들을 돕고, 아울러 그들을 위한 연장교육도 실시해야 한다.387) 현재 몇몇 대형교회에서는 자체적으로 상담자들을 위한 연장교육을 실시하고 있지만 비교적 규모가 작은 교회에서는 재정 등의 이유로 연장교육을 실시하기 어려운 형편이다.388) 따라서 상담소들이 연합하여 상담자들을 위한 연장교육을 실시하면 재정을 절감할 수 있고 보다 많은 상담자들에게 혜택을 줄 수 있을 것이다.

---

385) 김휘현, 필자와의 인터뷰(2005년 10월 9일, 영락교회 봉사관 3층 상담소장실).

386) 이를 위해 각 교회마다 특징을 살려 상담 전문 분야를 정하고 그 맡은 분야를 지속적으로 계발하는 것도 좋은 방법일 것이다.

387) 상담자들에게 연장교육을 실시하면 오래된 상담자들에게서 나타날 수 있는 매너리즘의 문제를 해결하는 데에도 효과가 있을 것으로 본다.

388) 이 연장교육은 내·외부 강사를 통해 주별 또는 월별 단위로 실시하되 각 교회의 형편에 맞게 정기적으로 실시하는 것이 바람직하다고 본다.

3. 전문상담자를 양성해야 한다

오늘날 한국교회는 현실적으로 많은 어려움을 가진 성도들로 인해 전문적인 목회상담에 대한 요구가 날로 높아지고 있다. 예컨대 취학 전 아동과 초등학교 저학년 아동의 문제, 그리고 자폐아 등의 자녀문제로 고민하는 부모들도 점차 증가하는 추세이다. 따라서 교회 내에 아동상담학을 전공한 전문상담자를 초빙하여 놀이치료 등을 통해 아동들을 돌보아 주는 것이 필요하다.[389]

그러나 한국교회는 목회상담을 위한 전문요원과 연구학자를 배출하지 못하고 있기 때문에 전문적인 상담훈련을 받고 목회상담사역을 담당할 수 있는 인적 자원이 매우 부족한 형편이며,[390] 상담학을 전공한 상담학 교수 정도가 교회 내에서 상담사역을 해야 하는데 교회에서 그런 분을 모시지도 않을 뿐 아니라, 상담학을 전공한 교수들도 교회에서 사역하기보다는 학교에서 사역하는 것을 선호하는 것이 문제이다.[391]

---

389) 온누리교회상담실장은 필자와의 인터뷰 (2005년 11월 3일, 온누리교회 선교관 지하 1층 로뎀의 집)에서 다음과 같이 말했다.

　　정신과 계통의 상담소에 가서 상담하려면 검사비만 해도 70만 원 정도를 지불해야 하기 때문에 생활 형편이 어려운 가정에서는 그런 전문기관에 찾아갈 엄두도 낼 수 없는 것이 오늘날 우리 사회의 현실이다. 그러므로 교회 안에 아동상담전문기관을 설치하여 무료로 운영하면 자녀문제로 어려워하는 성도들에게 매우 큰 힘이 될 수 있을 것이다.

390) 심상권, "현대 목회상담이론 형성과 그 과제", 380.
391) 김휘현, 필자와의 인터뷰 (2005년 10월 9일, 영락교회 봉사관 3층 상담소장실).

오늘날 한국교회는 목회상담 분야뿐만 아니라 다른 분야에 있어서도 전문가가 모자라는 실정인데, 이는 한국교회가 전문가를 양성하는 데 투자를 하고 있지 않다는 것을 말해 준다. 그러므로 한국교회의 목회상담이 활성화되기 위해서는 목회현장에서 필요한 전문상담자를 양성하되 상담 케이스 별로 훈련된 전문상담자를 양성하는 것이 필요하다. 즉 집단상담, 가정상담, 부부상담 등 다양한 목회상담 방법들을 개발하고 각 분야마다 전문상담자를 양성해야 한다. 그러기 위해 한국교회는 지금부터라도 전문 분야에서 공부할 사람들에게 투자해야 한다.

교회상담소에서 비전문가를 쓰는 것이나,[392] 전문상담자를 쓰더라도 담임목사가 전문상담자에게 힘을 실어주기보다는 교회에 전문상담자를 두면 성도들을 데리고 나갈까봐 두려워하는 것도 목회상담을 활성화하는 데 문제가 된다.[393] 예수님께서는 "만일 맹인이 맹인을 인도하면 둘이 다 구덩이에 빠지리라"(마 15:14)고 말씀하셨다. 이같은 주님의 말씀의 원리는 목회상담에도 적용된다. 왜냐하면 내담자들이 비전문가들에게 상담을 받다가 문제가 더 심각하게 발전하는 경우도 있기 때문이다. 그렇기 때

---

392) 앞에서도 언급한 바 있거니와 몇몇 교회의 경우 상담에 대한 전문성이 전혀 없음에도 불구하고 목회상담 담당교역자로 인사 발령을 받아 와서 1-2년 정도 시무하는 동안 상담이 무엇인가를 겨우 알게 될 무렵 다시 타 부서로 인사 발령을 받아 떠나는 일이 반복되기 때문에 목회상담이 활성화되는 것을 기대하기 어렵다. 심지어는 목회상담 담당교역자들이 상담봉사자들보다도 더 비전문적이라는 것은 정말 문제가 아닐 수 없다.

393) 나희수, 필자와의 인터뷰 (2005년 9월 13일, 지구촌교회 분당성전 3층 상담소 장실).

문에 교회는 전문상담자를 양성하는 데 힘쓰고, 상담소에
는 가능한 한 훈련받은 전문사역자를 두어야 한다.

오늘날 한국교회의 남자교역자들은 대부분 담임목사로
나가지 않으면 안 되는 실정이다. 즉, 남자교역자들은 어
떤 분야에서 전문사역자로서 독립적인 사역을 하는 것이
쉽지 않다는 것이다. 현재 한국교회에서 남자교역자들의
전문사역은 담임목사의 목회 보조의 차원에 머물러 있기
때문에 바른 정체성을 갖기는 어렵다. 따라서 이러한 한국
교회의 실정을 타개하는 방책으로 전문상담자를 세우거나
여성인력을 활용하는 것도 생각해 볼 수 있을 것이다.

한편 교회에서 전문상담자를 활용하려고 하면 급여
문제가 장애요인이 될 수 있다. 현재 한국교회에서는 상
담대학원을 나온 전문상담자도 일자리가 없어서 자원봉사
자로밖에 일할 수 없는 실정이다. 이러한 사람들은 교회
에서 상담봉사를 하다가도 사회에서 일자리가 생기면 언
제든지 봉사를 그만 둘 수밖에 없다. 이처럼 평신도 전문
상담사가 교회에서 일하기 어려운 점도 한국교회에서 목
회상담이 활성화되는데 문제가 된다.

따라서 교회의 규모가 크면 담임목사의 목회철학이
문제가 되고, 규모가 작으면 경제적인 면이 문제가 되는
수가 많다고 할 수 있다. 그렇기 때문에 교회에서 전문상
담자를 세워 사역하게 할 경우 사례비를 주어, 그들이 안
정된 가운데 일할 수 있게 하고 계속 자기계발을 할 수
있도록 배려해야 한다.394) 그러나 교회가 전문상담자를

세울 수 없는 형편이라면 먼저 성도들에게 상담교육부터
시작한 후 상담교육을 받은 사람이 상담실을 운영하게 하
거나 봉사하도록 해야 한다.

　나아가 한국교회의 목회상담을 활성화시키기 위해서
는 전문상담자들의 자질을 향상시켜야 한다. 앞에서도 언
급한 바 있거니와 전문상담자들이 성도들을 대상으로 상
담에 대한 강의를 할 때 영적인 면을 간과한 채 지나치게
무의식적인 면이나 심리적인 면을 강조하여 강의를 하는
경우가 적지 않다. 그런가 하면 어떤 전문상담자는 자신
도 아직 정리되지 않은 내용을 가지고 어설프게 강의하기
도 하는 등 전문상담자로서 자질에 문제가 있는 것이 한
국교회의 실정이다. 또한 한국교회 전문상담자들은 비교
적 자기주장이 강하기 때문에 서로 협력하려고 하지 않는
것도 한국교회에서 상담이 활성화되는 데 장애요소가 된
다.395)

　그뿐만 아니라 교회에서 상담사역을 담당하고 있는
사람들 중에는 상담에 대해 전문적으로 공부하지 않아 상
담에 대한 지식이 빈약함에도 불구하고 상담사역에 임하
고 있는 것이 문제다.396) 몇몇 교회 상담자들 중에는 상
담 전문 지식이 전혀 없음에도 불구하고 상담소에 인사
발령을 받았기 때문에 어쩔 수 없이 상담사역에 임하고

394) 한국교회에서 목회상담이 활성화되기 위해서는, 교역자에게는 사례하면서 전문
　상담자에게는 봉사하도록 하는 문화를 속히 지양해야 할 것이다.
395) 심수명, 필자와의 인터뷰 (2005년 9월 6일, 한밀교회 본관 3층 목양실).
396) 모 교회의 경우에는 내담자들의 건의 중에 5-10% 정도는 상담자들의 자질 문
　제를 언급한다고 한다.

있는 교역자들이 있는 실정이다. 또한 교회에서 상담사역
을 맡고 있는 사람들 중에는 실제 사역보다 자기계발에만
바쁜 사람이 있는가 하면, 또 어떤 사람은 자기계발은 뒤
로 한 채 자리만 지키려고 하는 것도 문제라고 할 수 있
다. 따라서 상담소에서 사역하는 목회상담 담당자는 지속
적으로 자기계발에 힘써야 한다.397)

전문상담자가 되는 것은 쉬운 일이 아니다. 이론적인
배움뿐 아니라 실제 임상훈련 등 전문상담자가 되기 위해
치러야 하는 과정은 최소 5년에서 10년의 시간이 필요하
다고 한다. 따라서 상담훈련이 제대로 되어 있지 않은 상
담자들이 사람을 돕는다고 하면서 잘못 돕게 되면 문제가
더 커질 수 있다. 그렇기 때문에 전문상담자의 자질이 무
엇보다 중요한데 교회가 이런 전문가를 키운다거나 외부
에서 전문가를 영입한다는 것은 실제적인 문제가 될 수
있다.398)

그러므로 이미 전문성을 갖춘 상담자라 할지라도 상
담에 대한 지속적인 연구와 프로그램 계발, 그리고 다른
전문상담자들의 강의나 세미나 등을 통해 끊임없이 자신
을 계발해야 한다.399) 또한 전문상담자가 교회의 초빙을

---

397) 모 교회 목회상담 담당자는 상담에 대한 전문교육을 받은 적이 없음에도 불구
하고 자신의 의지와는 상관없이 상담소에 인사 발령을 받았기 때문에 처음에는
애로 사항이 많았다고 고백했다. 그는 목회상담사역을 다시 시작할 수 있다면 먼
저 상담에 대한 전문교육을 받아 전문성을 갖춘 후 목회상담을 시작하고 싶다고
말했다. 그는 목회상담 담당목사로서 지금도 계속 상담교육을 받으면서 자기계발
에 힘쓰고 있다.
398) 심수명, 필자와의 인터뷰(2005년 9월 6일, 한밀교회 본관 3층 목양실).
399) 심수명, 「사랑의 관계회복을 위하여」(서울: 도서출판 NCD, 2005), 403.

받으면 거절하지 말고 가서 강의를 통해 목회상담에 대한
인식을 계몽하고, 기회가 있을 때마다 상담사역은 비타민
과 같은 것이라고 홍보하는 것을 잊지 말아야 한다.[400)]
그러나 상담자 자신이 다룰 수 없는 분야의 문제는 반드
시 그 분야의 전문가에게 의뢰해야 한다.[401)]

4. 상담학회를 통합하고 임상목회 개발의 장과 임상목회 교육을 위한 전문요원을 확보해야 한다

한국교회의 목회상담이 활성화되기 위해서는 난립되
어 있는[402)] '상담학회'를 통합해야 한다. 현재 우리나라에
는 수많은 상담학회가 존재하고 있다. 따라서 한국교회에
서 목회상담이 활성화되기 위해서는 무분별하게 난립되어
있는 여러 종류의 '상담학회'를 하루속히 통합해야 한
다.[403)] 뿐만 아니라 오늘날 한국사회는 기독교 계통에서
'상담 관련 자격증'을 남발하는 경향이 있으며 상담 전문
자격증을 부여하는 기관이 여기저기서 경쟁이나 하는 것
처럼 우후죽순처럼 생겨나고 있는 것이 현실이다. 그러나
이처럼 '상담 관련 자격증'을 남발하게 되면 얼마 있지 않

---

400) 심수명, 필자와의 인터뷰(2005년 9월 6일, 한밀교회 본관 3층 목양실).
401) 심수명, 「사랑의 관계회복을 위하여」, 403.
402) 현재 우리나라에 상담학회가 난립되어 있는 이유 중에 하나는 전문상담자들이
    비교적 자기주장이 강하기 때문이라고 할 수 있다. 따라서 한국교회에서 목회상
    담이 활성화되기 위해서는 전문상담자들이 자기주장을 버리고 서로 협력하고 섬
    기는 자세를 가져야 할 것이다.
403) 이에 대해서는 여의도순복음교회상담소 소장도 필자와의 인터뷰(2005년 8월
    24일 여의도순복음교회 제1교육관 11층 상담소장실)에서 같은 의견을 제시한 바
    있다.

아 한국교회의 목회상담사역은 추락할 위험성도 있다.[404)]
그러므로 한국교회의 목회상담이 활성화되기 위해서는 하
루속히 난립되어 있는 상담학회를 통합해야 한다.

나아가 한국교회에서 목회상담을 활성화하기 위해서
는 임상목회교육(CPE)을 통해 전문적인 목회상담자를 양
성해야 한다.[405)] 우리나라에서 현대 목회상담학의 이론을
처음 도입하고 시도한 사람은 1960년도 초기에 연세대학
교에서 목회상담교육을 지도한 외국 선교사인 라이로프
(Van Lierop)이다. 이때 목회상담교육을 위해서 연세대학
교 세브란스병원과 연결되어 임상목회 교육이 도입되었
다. 그 후 한신대가 1980년대부터 한양대학병원과 연결하
여 임상목회 교육을 시작했다.[406)] 그러나 문제는 우리나
라에 이 정도의 임상목회의 장을 가지고는 턱없이 부족하
다는 점이다. 이같은 현실은 임상목회 교육을 위한 전문
요원이 아직까지 부족한 것이 그 원인이기도 하다. 이러
므로 한국교회는 하루빨리 후진들을 양성하여 이러한 공
백을 채울 수 있어야 할 것이다. 이에 대해 심상권은 다

---

404) 한국교회는 '상담관련 자격증'이 사람을 치료하고 세워 주는 것이 아니라, 하나
  님께서 성령으로 어려움에 직면해 있는 사람들을 치료하신다는 사실을 잊어서는
  안 된다.
405) 모 교회상담실장은 필자와의 인터뷰에서 다음과 같이 고백했다.

  상담학을 공부하지 않은 상태로 상담사역을 하다 보니 한계성을 느끼게
  되어 사역을 하는 중 대학원에 진학하여 상담학을 전공하게 되었다. 따라서
  상담 전문지식을 습득한 후 상담사역을 시작하는 것이 바람직하다고 생각된
  다. 상담사역을 하는 데 있어서 전문지식과 영적 지식의 필요성은 각각 50
  퍼센트라고 생각된다.

406) 심상권, "현대 목회상담이론 형성과 그 과제", 379.

음과 같이 지적한다.

> 현재 목회상담 분야에서 아직까지 우리나라의 전통
> 적 교육 방법의 인습에 뿌리를 내리고 있는 학술적 방법
> 에서 벗어나 새로운 임상학적 방법으로 전향해야 하는
> 노력이 각별히 필요하다고 필자는 생각한다. 그리고 우
> 리나라 목회상담학의 발전을 위해서는 목회상담학계의
> 훈련생들이 학술적 방법의 의존에서 벗어나 임상학적 방
> 법의 교육을 추구하는 자세가 크게 바람직한 일이라고
> 믿는다.407)

현대 목회상담학을 주도한 AAPC(American Association Pastoral Counselors) 운동은 일반 목회자들을 위한 목회 상담훈련을 제공할 뿐만 아니라, 전문적인 목회심리치료 전문가의 훈련과 교육을 목적으로 활동하고 있다. 현대 AAPC 기준에 의하면 전문 목회상담자의 자격증을 취득하기 위해서는 최소한 신학석사 과정을 이수한 사람으로서 상담학 전공의 석사학위 취득과 약 1,500시간의 임상 경험을 한 후에 상담 실기시험에 합격해야 한다.408) 이로 보아 한국교회에서 목회상담이 활성화되기 위해서는 학술적인 방법에만 의존하지 말고 하루속히 임상목회 개발의 장과 임상목회 교육을 위한 전문적 요원을 더 확보해야

---

407) 심상권, "현대 목회상담이론 형성과 그 과제", 380-381.
408) Ibid., 372.

할 것으로 생각된다.

제5절 신학교와 교단에서 해야 할 일

1. 신학교에서 상담교육을 강화해야 한다

오늘날 대부분의 목회자들에게 있어서 목회상담이라는 과목은 국내외를 막론하고 단지 신학교에 다닐 때 학점 이수를 위한 한 과정으로써 형식적인 수업에 그치는 경우가 많다.[409] 그렇기 때문에 한국교회에서 목회상담이 활성화되기 위해서는 신학적 경향의 문제와 신학교의 상담교육의 문제가 해결되어야 한다.

오늘날 한국교회의 목회상담이 활성화되는 데 가장 큰 장애요인은 담임목사의 상담에 대한 무관심이라고 할 수 있는데, 그 이유 중 하나는 그들이 신학교육을 받은 1900년대는 우리나라 신학교에 목회상담 과목이 개설되어 있지 않았거나 목회상담 과목이 있었더라도 그것을 소홀히 취급했기 때문일 것이다.

그런데 오늘날에도 대부분의 목회자들은 목회를 준비하는 시기인 신학교 시절에는 실천신학보다 조직신학이나 성경신학 등 이론적인 면에 더 큰 비중을 두어 공부를 하

---

409) Benner, *Strategic Pastoral Counseling: Short-term Structured Model*, 10.

는 경향이 있다. 그러나 실제 목회현장에서는 실천신학을 더 필요로 하게 된다. 그렇기 때문에 목회자들은 자신이 직접 교회를 맡아 사역을 할 때부터 비로소 목회상담에 대한 필요성을 느끼게 되는 경우가 많다.

따라서 한국교회에서 목회상담이 활성화되기 위해서는 무엇보다 신학교에서 목회상담을 필수과목으로 지정하는 등 상담교육을 강화하여 목회를 준비하는 신학생들에게 목회상담의 중요성을 미리 인식시켜야 한다.[410] 콜린스는 신학교는 신학도들이 목회하는 데 있어서 상담사역을 잘 수행할 수 있도록 충분히 교육시킬 책임을 가지고 있다고 말한다.[411]

오늘날 우리나라의 대부분의 보수적인 신학교에서는 실천신학 전반에 대한 강조가 아직도 부족한 편이다. 이는 우리나라의 신학이 그만큼 이론적인 면에 치우쳐 있다는 것을 반증하는 것이며, 나아가 신학을 우리 실정에 맞게 토착화시키지 못하고 있다는 증거다. 말하자면 우리나라의 신학은 현실적인 목회의 필요성들을 신학화하는 데까지 이르지 못하고 있는 것이다.

이처럼 우리나라의 신학은 실천신학에 대한 신학적 강조점이 없기 때문에 실천신학의 한 분야인 목회상담도 신학교에서 제대로 대접을 받지 못하고 있을 뿐 아니라, 우리나라 신학교의 커리큘럼의 불균형화는 한국에서 목회

---

410) 이에 대해서는 동안교회 원정숙 상담실장도 신학교에서 목회상담을 필수과목으로 정하여 적어도 10학점 이상 공부하도록 해야 한다고 주장했다.
411) Collins, *Helping People Grow*, 11.

상담이 발전하는 데 상당한 장애물이 되고 있다. 뿐만 아니라 현재 우리나라 신학교의 상담교육은 교회현장에서 바로 쓸 수 있는 상담자를 키우고 있지 않고 있는 점이 문제다. 즉 신학교에서의 상담교육이 이론과 실제를 겸해야 하는데 그렇지 못한 점이 문제인 것이다.

신학교에서 상담에 대해 교육할 때 상담학 서론 정도만 교육하고 있기 때문에 학생들이 학교를 졸업한 후 실제 사역의 현장에서는 학교에서 배운 상담의 이론을 적용하기가 쉽지 않다. 그런가 하면 신학대학원의 상담 교수의 임상교육 정도에 따라 강의내용이 달라지는 것도 한국 교회에서 목회상담이 활성화되는 데 장애요인이 된다. 즉 담임목사가 신학교에서 어느 해에 상담학을 공부했느냐에 따라 그 내용이 달라지는 것이다.

우리나라는 1980년대 전후부터 신학교에서 목회상담학 전임교수를 채용하기 시작했는데 1990년대 초에만 해도 연세대학연합신학원의 경우를 제외하고는 교육부가 인가한 신학교나 대학교의 신학과 내에 독립된 목회상담학과나 기독교상담학과가 없었다.412) 이때만 해도 한국의 신학교육은 상담의 일반적인 원리들과 기술들을 기초적으로 습득하는 단계를 넘어서지 못했으며 상담학 전공으로 Th. M. 학위를 주는 일부 학교도 전문적인 상담학 교수들이 모자라고 시설도 열악했기 때문에 전문상담자를 육성해 낼만한 여건이 갖추어지지 않은 상태였다고 볼 수 있

---

412) 심상권, "현대 목회상담이론 형성과 그 과제", 380.

다.413) 그런데 다행히 지금은 우리나라 교육부에서 인가한 신학교나 일반대학교에 독립된 목회상담학과나 기독교상담학과, 그리고 가정사역학 등의 분야를 점차적으로 도입하고 있는 추세다. 이에 해당되는 학교들은 〈표 4〉와 같다.414)

그럼에도 불구하고 한국교회 목회상담학 분야가 본격적으로 발전하기 위해서는 신학교나 일반대학에서의 상담교육을 더욱 강화하여 보다 많은 학생들이 상담 전문분야에서 공부할 수 있도록 기회를 주어야 한다.415) 이재훈은한 사람의 좋은 심층목회상담자를 키워 내기 위해서는 기본적인 신학적 훈련 외에도 최소한 2-3년간의 전문적 교육훈련이 필요하지만, 현대목회의 다양성을 고려하여 보다 전문적 영역으로서 상담목회를 선택하는 사람에게만 필수과목으로 하고 그 외에는 스스로에게 맡기는 것이 현실적인 대안일 것이라고 주장한다.416)

그러나 필자는 한국교회에서의 목회상담이 더욱 활성화되기 위해서는 신학교에서 모든 학생들이 목회상담 과목을 필수로 이수해야 하며 한국교회에서도 신학교의 상담학과를 적극 지원할 필요가 있다고 본다. 그리고 한국교회 목회상담학 분야가 본격적으로 발전하기 위해서는 신학교에서 실력 있는 상담학 교수를 적극적으로 영입해

---

413) 오성춘, "상담기술을 어떻게 심방교역에 적용할 것인가", 129.
414) 이 자료는 필자가 각 학교의 홈 페이지에 들어가서 확인한 것이다.
415) 이순, "목회상담과 목회심방과의 관계성 연구", 61.
416) 이재훈, "한국 심층목회상담의 전망", 76.

야 하는 것도 간과하지 말아야 한다.

〈표 4〉 목회상담관련 학과가 있는 우리나라의 신학교 및 일반대학들

번호	학 교	학 과
1	서울신학대학 상담대학원	목회상담, 기독교상담, 가정상담, 청소년상담 전공
2	숭실대학 기독교학대학원	목회상담학 전공
3	아세아연합신학대학 상담대학원	기독교상담학, 가정상담 전공
4	한세대학교 교육대학원	상담심리 전공
5	천안대학교 상담대학원	가정사역상담, 기독교상담, 청소년상담 임상목회상담, 상담교육학 전공
6	강남대학교 실천신학대학원	목회상담 전공
7	평택대학교 상담대학원	기독교상담학과, 가족상담학과, 특수상담학과
8	명지대학교 사회교육대학원	상담심리학과
9	전주대학교 상담대학원	진로/직업, 결혼/가족, 아동/청소년상담학과
10	장로회신학대학교 대학원	실천신학과 목회상담학 전공
11	서울장신대학교 목회상담대학원	목회상담, 아동/청소년, 가족치료 전공
12	복음신학대학원대학교	상담심리학 전공
13	웨스터민스터신학대학 원대학	상담학 전문

14	침례신학대학교	목회상담학
15	한영신학대학원	기독교상담학과
16	한일장신대학교 신학대학원	기독교상담학
17	나사렛대학교 신학대학원	기독교상담학
18	성결대학교 신학전문대학원	기독교상담학 전공 (박사학위 과정)
19	성산효도대학원대학교	가족상담학과 (가정사역, 가족치료, 기독교상담 전공)
20	연세대학교 연합신학대학교	목회상담 전문과정, 상담 전문과정, 상담고급과정
21	이화여자대학교 신학대학교	목회상담학
22	총신대학교 상담대학원	목회상담, 결혼 및 가정상담, 아동 및 청소년상담
23	한남대학교 학제신학대학원	목회상담학과
24	호서대학교 대학원	신학과 실천신학(목회상담학)

2. 교단에서 목회자 연장교육을 의무화하고 그 교과과정에 목회상담을 포함시켜야 한다

흔히 21세기는 영토 경쟁도 아니고 산업 경쟁도 아닌 인재 경쟁의 시기에 직면할 것이라고 말하는데,[417] 실제로 오늘날 사회의 많은 기업들이 생산성을 높이기 위한

---

417) 백명희, "대학의 연장교육에 관한 연구: 모형설정과 그 적용을 위한 접근", 「한국문화연구원논총」 (서울: 서울이화여자대학교, 1986), 82.

전략의 하나로 사원들의 질을 향상시키기 위해 사용하는 방법 중 하나가 바로 연장교육이다. 그렇다면 사회의 최고 집단임을 자부하며 사회를 선도해야 할 목회자들에게 있어서의 연장교육의 필요성에 대해서는 재론의 여지가 없을 것이다.[418]

목회자들은 신학교에서의 공식적인 학과과정을 마친 뒤에도 끊임없이 배움의 기회를 가져야 한다. 왜냐하면 신학교에서 목회사역에 필요한 모든 것을 다루는 것은 아니기 때문이다. 따라서 각 교단은 정기적인 세미나와 워크숍, 그리고 각종 강좌나 수련회 등을 통한 목회자의 연장교육을 의무화할 필요가 있다. 이에 대해 박경순은 다음과 같이 강조한다.

목회자 연장교육은 교회의 미래가 불투명한 현재 한국교회의 변화를 위한 하나의 방향 제시이다. 생존경쟁 속에서 살아남기 위해 변화를 추구하는 일반 사회의 다른 전문가 집단들보다 오히려 목회자들은 변화된 사회를 이끌어 나가기 위한 선도적 역할을 감당하기 위하여서는 이러한 변화에 앞장 서야 하는 상황에 놓여 있다. 이러한 관점에서 목회자의 연장교육은 어느 전문가집단보다 필요성이 더욱 더 요구된다고 할 수 있다. 더욱이 급변하고 있는 21세기를 살아가고 있는 현재에 그 필요성은 더욱 요구된다. 그러므로 목회자 연장교육은 필요성이

---

418) 박경순, "목회자 연장교육의 현황과 개선 방향에 대하여: 기독교 대한 성결교회를 중심으로", 『신학과 선교』 제30집(서울: 서울신학대학교, 2004), 66.

아니라 의무이며 책임인 것이다.419)

그런데 국내 주요교단에서 실시하고 있는 목회자 연장교육의 내용을 살펴보면 목회상담 관련 교육이 매우 미미하다는 것을 알 수 있다.

한국교회의 각 교단에서 실시하는 목회자 연장교육의 내용은 〈표 5〉와 같다.420)

〈표 5〉 한국교회 각 교단의 목회자 연장교육

교단	교육 내용
기독교대한 감리회	제1차 안식년: 예배학, 설교학, 전도학, 선교학 제2차 안식년: 기독교교육, 기독교윤리, 한국교회사, 목회상담학, 교회행정학 제3차 안식년: 현대신학, 구약성서신학, 신약성서신학 제4차 안식년: 노인학, 인간관계학, 사회복지학
기독교대한 성결교회	목회 나누기, 목회 계획 나누기, 목회클리닉 등의 교육과 성지 및 신앙 유적지를 탐방하는 해외 연수

---

419) Ibid., 87.
420) Ibid., 67-74.

대한예수교 장로회 (통합)	1. 여 목사들의 사역 분야와 관련된 행정, 예식, 가정 사역, 영성개발훈련 2. 최근에는 사회적 요구에 맞추어 상담사 등 자격증 취득과 관련된 훈련과정 개설 구상 중에 있다. 3. 향후 교육 과정의 수립을 위한 분야: 영성 형성, 성서적 조명, 현실 분석, 목회실천의 4분야와 관련된 과목을 수립할 예정이다.
한국기독교 장로회	설교, 예배, 교회 교육, 구역예배 교재 설명
대한예수교 장로회 (합동)	목회자 연장교육을 위한 규정이나 헌법 조항을 수립하고 있지 않다.
기독교한국 침례회	연장교육에 대하여 법제화한 규정과 이를 시행하는 기관이 없다.

이처럼 교단에서 실시하고 있는 목회자 연장교육의 교과과정에 대부분 목회상담을 포함시키지 않고 있는 것이 오늘날 한국교회의 실정이다. 그렇기 때문에 한국교회 목회자들이 목회상담을 중요하게 여기지 않게 되고, 또 장로나 집사 등 교회지도자들도 목회상담을 중요하게 여기지 않게 되는 것이다. 그러나 앞으로도 한국교회가 목회상담의 중요성을 간과한 채 사역을 계속한다면 결코 건강하고 바람직한 목회사역을 기대하기는 힘들 것이다.

따라서 한국교회의 각 교단에서는 목회자 연장교육을 통해 목회자와 성도 간의 관계를 강화시키고, 목회자들의 목회생활에 필요한 것을 공급해 주며, 목회자들의 지속적이고 깊은 사고와 분석을 증진시켜 주어야 하되 그 교과 과정에 반드시 목회상담을 포함시켜야 한다. 목회자들이 목회상담을 효과적으로 하기 위해서는 신학교에서 석사 (신학석사) 과정만 마치는 것으로는 불충분하기 때문에 이 같은 연장교육을 통해 목회상담에 대해 재교육을 받아야 한다. 그럼에도 불구하고 목회자 선에서 다루기 어려운 사례들은 빨리 전문기관에 의뢰해야 한다.

3. 교단에서 기독교상담센터(Christian Counseling Center)를 세워 운영해야 한다

내담자가 자기 교회상담실을 이용할 경우 평상시 상담자와 알고 지내는 관계일 때는 상담 받기를 꺼려할 뿐만 아니라 성도가 담임목사나 교역자들에게 자신의 문제를 속속들이 내 놓았을 때 여러 가지로 후유증이 발생될 수 있다. 예컨대 목회자가 그 성도에 대한 선입관을 가질 수도 있고 성도 또한 상담 후 자신의 문제를 노출한 것에 대해 불편을 느끼는 경우도 있다.[421)

이관직은 목회상담이 행해지는 장소가 교회 안에 위치할 경우에는 상담실을 이용하는 성도들의 비밀보장 문제가 확실하게 보장되지 않을 수 있다는 약점을 지니고

---

421) 몇몇 교회의 목회상담 담당자들에 의하면 내담자가 상담소의 사역자들과 잘 알고 있는 경우에는 자신의 노출을 꺼려 상담소가 아닌 외부 장소에서 상담하기를 원하거나, 자신이 상담실에 들어가는 것을 다른 사람이 보는 것을 원치 않아 상담자를 외부에서 만나 상담하기를 원하는 내담자들이 종종 있다고 한다.

있다고 본다.422) 특히 내담자가 볼 때 교회 상담자가 오히려 상담을 받아야 할 사람이라고 생각되는 경우에는 상담의 효과가 떨어질 수밖에 없다.

그러므로 몇몇 교회가 연합한다거나423) 노회별 또는 교단에서 '기독교상담센터'를 세워 전문상담자를 두어 각 교회에서 발생되는 내담자들을 그곳에 보내어 상담하게 하는 방법을 고려해 볼 필요가 있다.424)

현재 우리나라의 몇몇 대형교회에서는 훈련이나 기술로 보아 전문상담자로서 효과적인 기능을 발휘할 수 있는 상담 전문사역자를 따로 고용하여 상담사역을 하고 있다. 그러나 그것이 불가능한 상황에서는 기독상담센터의 핵을 이룰 사람 몇을 채용하여 목회상담사역에 전념하게 할 수 있을 것이다.425) 한편 이와 같은 상담센터는 대형교회를 비롯하여 물적, 인적으로 역량이 있는 교회들이 연합하여 세울 수도 있고 재력이 있는 내담자나 사회복지가가 세워 운영할 수도 있다.426)

그러나 필자는 한국교회의 형편을 고려해 볼 때 노회나 교단 차원에서 상담센터를 세워 운영하는 것이 비교적 바람직할 것으로 본다. 이렇게 상담센터를 세워 운영하면

---

422) 이관직, "목회상담의 정체성", 33.
423) Ibid. 이관직은 '만약 여러 교회가 연합하여 상담센터를 재정적으로 후원할 수 있다면 상담료를 받지 않고도 양질의 목회상담 서비스를 성도들과 불신자들에게 제공할 수 있을 것'으로 본다.
424) William Backus, *Telling Truth to Troubled People* (Minneapolis: Bethany House, 1985), 11-12.
425) Collins, 「교회지도자를 위한 효과적인 상담」, 83.
426) 모 교회상담실장이나 온누리교회 회복사역 담당자도필자와의 인터뷰에서 이 같은 의견을 제시한 바 있다.

각 교회 내에 상담실을 개설하고 운영하는 데 소용되는 비용을 최소화 할 수 있을 뿐 아니라 내담자들의 익명성을 보장할 수 있는 장점이 있다. 즉 내담자가 자신이 소속된 교회의 상담실에 찾아가 상담하기를 꺼려하는 경우에도 이 상담센터를 이용하면 익명성을 보장 받을 수 있는 것이다.

우리나라에서는 얼마 전 하이패밀리를 중심으로 6개 교회427)가 연합하여 운영하는 상담실을 발족했는데,428) 향후 한국교회에서의 목회상담이 활성화되기 위해서는 이 같은 연합 상담실, 즉 '기독교상담센터'가 더 많이 생겨나야 한다고 본다.

---

427) 이 6개 교회는 서울 대치동 창대교회(최효섭 목사), 서울 논현동 동안교회(박의문 목사), 서울 신사동 신사교회(신우인 목사), 서울 방배동 성일교회(이영한 목사), 성남 중부제일교회(김재일 목사) 등이다.

428) 전병선, "하이패밀리+창대교회 등 6개 교회 연합상담실 운영한다", 《국민일보》, 2006년 5월 29일, 29. 한편 이 연합상담실은 2006년 5월 29일 서울 서초동 사랑의교회에서 연합상담실 운영협약식을 갖고 본격적인 운영에 나선 바 있는데, 이 상담실의 특징은 참여하는 교회가 비용을 공동으로 부담하고 하이패밀리 등 상담전문기관이 성도들뿐 아니라 지역주민들에게까지 일반상담과 가정상담을 제공하는 형태를 취한다는 것이다.

제6장

맺는 말

    이 책의 목적은 한국교회에서 목회상담을 활성화할 수 있는 방안을 제시하는 것으로, 이를 위해 먼저 목회상담에 대한 이론적인 면과 함께 한국 대형교회들의 목회상담 현황을 살펴보았다. 그리고 어떻게 하면 한국교회에서의 목회상담을 더욱 활성화할 수 있을까? 하는 문제에 대한 방안을 제시하였다.

    한국교회가 목회상담을 더욱 활성화하기 위해서는 교회와 담임목사가 해야 할 일이 있고, 목회상담자와 상담전문가가 해야 할 일이 있으며, 상담소와 상담전문기관이 해야 할 일이 있고, 신학교와 교단에서 해야 할 일이 있다는 것이다. 그 내용을 요약하면 다음과 같다.

1. 교회가 해야 할 일

첫째로, 교회지도자들이 목회상담의 중요성을 인식해야 한다. 둘째로, 상담사역을 시작하려면 먼저 철저하게 준비해야 한다. 셋째로, 평신도 상담자를 양성하여 활용해야 한다. 넷째로, 상담지원팀을 구성해야 한다.

2. 담임목사가 해야 할 일

첫째로, 목회 패러다임을 전환해야 한다. 둘째로, 목회상담사역에 대하여 올바르게 인식해야 한다. 셋째로, 상담적 기능을 수행하는 다른 목회적 기능을 통해서도 목회상담을 해야 한다.

3. 목회상담자와 상담 전문가가 해야 할 일

첫째로, 신학과 심리학의 통합적 안목을 가져야 한다. 둘째로, 한국사회의 문화적 배경을 이해해야 한다. 셋째로, 전인구원적 목회상담을 실시해야 한다. 넷째로, 자신의 건강관리에 힘써야 한다. 다섯째로, 상담의 효과를 정기적으로 평가해 보아야 한다. 여섯째로, 서구 상담학 이론을 무분별하게 도입하지 말아야 한다.

4. 상담소와 상담전문기관이 해야 할 일

첫째로, 교회지도자들에게 목회상담에 대한 교육을 실시해야 한다. 둘째로, 상담소들이 네트워크를 형성해야 한다. 셋째로, 상담전문가를 양성해야 한다. 넷째로, 상담학회를 통합하고 임상목회 개발의 장과 임상목회 교육을 위한 전문요원을 확보해야 한다.

5. 신학교와 교단에서 해야 할 일

첫째로, 신학교에서 상담교육을 강화해야 한다. 둘째로, 교단에서 목회자 연장교육을 의무화하고 그 교과과정에 목회상담을 포함시켜야 한다. 셋째로, 교단에서 기독교 상담센터를 세워 운영해야 한다.

참고 문헌

1. 국내 서적

김동길, "한국의 전통 종교와 기독교의 미래", 『현대종교』, 1982년
　　　9월호.

김만풍, 「상담설교」, 서울: 크리스찬서적, 1995.

김성기, "한국교회 예배의 이교적 요소: 무교, 불교, 유교를 중심으
　　　로", 신학석사학위논문, 장로회신학대학 신학대학원, 1990.

김세윤, 「신약성경 신학 II」 강의안, Seoul: Fuller Theological
　　　Seminary, Winter 2001.

_____, 「복음이란 무엇인가?」. 서울: 두란노, 2003.

김재술, 「목회상담의 이론과 실제」, 서울: 세종문화사, 1991.

김진, 「정신분열증에 대해 나누고 싶은 이야기」, 서울: 뜨인돌,
　　　2001.

김홍근, "긍휼의 영성과 전인구원의 열매로서의 여의도순복음교회의 사랑의

실천과 전망", 제6회 전국신학자학술세미나 강의집 vol. 1 (2006).

박경순, "목회자 연장교육의 현황과 개선 방향에 대하여: 기독교 대한 성결교회를 중심으로", 『신학과 선교』 제30집, (2004).

박기순, "유교적 인간관계의 현대적 의미." Online: http://www. uwm.edu/~tslim/jungbook/hb12.htm.

박노권, "예배를 통한 목회적 돌봄", Online: http://home. mokwon.ac.kr/~p1316/.

_____, "2001년 목회와 상담", Online: http://home. mokwon.ac. kr/~1316/column/ch2.html.

_____, "설교와 목회적 돌봄", Online: http://home. mokwon.ac. kr/~p1316/.

_____, "목회상담학", Online: http://home.mokwon. ac.kr/~ p1316/.

박윤수, 「목회심리치료와 치유상담의 실제」, 서울: 라빠, 1996.

박형렬, 「통전적 치유목회학」, 서울: 도서출판 치유, 1994.

백명희, "대학의 연장교육에 관한 연구: 모형설정과 그 적용을 위한 접근", 「한국문화연구원논총」, 서울: 서울이화여자대학교, 1986.

사미자, "현대 사회와 목회상담", Online: http://library. pcts.ac. kr/professor/사미자.htm.

_____, "현대 사회와 목회상담", Online: http://210.101. 116.18 /kiss9/60402190.pdf.

심상권, "가정상담의 실제: 자녀/형제자매 동기간의 갈등을 중심으로", 「한국교회를 위한 목회상담학」, 기독교사상편집부 편, 서울: 대한기독교서회, 1998.

_____, "자녀의 정신건강을 위한 상담적 접근", 「한국교회를 위한 목회상담학」, 기독교사상편집부 편, 서울: 대한기독교서회, 1998.

_____, "현대 목회상담이론 형성과 그 과제", 「한국교회를 위한 목회상담학」, 기독교사상편집부 편, 서울: 대한기독교서회, 1998.

심수명, 「사랑의 관계회복을 위하여」, 서울: 도서출판 NCD, 2005.

_____, "성도들은 현실적 상담을 원하고 있다", 《국민일보》, 2005년 8월 26일자.

엄예선, 「한국교회와 가정사역」, 서울: 생명의 말씀사, 2007.

_____, 「위기사역과 목회자의 자기관리」, (강의안. Fuller Theological Seminary, Spring 2004)

_____, 「목회 가정상담」 강의안, Seoul: Fuller Theological Seminary, Spring 2001.

여의도순복음교회 상담국 아가페전화 20주년 기념집 편찬위원회 편, 「순복음상담 치유와 회복의 발자취」, 서울: 쏠리데오, 2000.

영락교회 상담부 편, 「영락상담 20주년 기념백서」, 서울: 영성문화사, 2004.

오성춘, 「목회상담사례분석」, 서울: 대한예수교장로회총회출판국, 1987.

_____, "21세기 한국사회와 목회상담의 과제", 『교회와 신학』 제27집, 1995년 5월호.

_____, "한국교회 목회상담의 과제", 『교회와 신학』 제28집, 1996년 5월호.

_____, "목회상담은 어떤 특성을 갖는가", 「한국교회를 위한 목회상담학」, 기독교사상편집부 편, 서울: 대한기독교서회, 1998.

_____, "목회상담의 기초로서 예수의 참여적 공감", 「한국교회를 위한 목회상담학」, 기독교사상편집부 편, 서울: 대한기독교서회, 1998.

_____, "상담기술을 어떻게 심방교역에 적용할 것인가", 「한국교회를 위한 목회상담학」, 기독교사상편집부 편, 서울: 대한기독교서회, 1998.

_____, 「목회상담학」, 서울: 한국장로교출판사, 2000.

_____, "목회상담의 필요성", Online: http://library.pcts.ac.kr/professor/오성춘.htm.

_____, "새 시대의 한국교회와 목회상담의 과제에 관한 연구", Online: http://210.101.116.17/kiss7/t02c1277.pdf.

윤종모, "해방과 치유의 목회", 「한국교회를 위한 목회상담학」, 기독교사상편집부 편, 서울: 대한기독교서회, 1998.

_____, "가부장제도하의 여성", 「한국교회를 위한 목회상담학」, 기독교사상편집부 편, 서울: 대한기독교서회, 1998.

윤태림, 「의식구조상으로 본 한국인」, 서울: 현암사, 1973.

이관직, "목회상담의 정체성", 『가정과 상담』, 2000년 7월호.

이기춘, "한국교회와 상담목회의 실천 방향", 「한국교회를 위한 목회상담학」, 기독교사상편집부 편. 서울: 대한기독교서회, 1998.

_____, "한국인의 감정표출 방식과 상담목회", 「한국교회를 위한 목회상담학」, 기독교사상편집부 편, 서울: 대한기독교서회, 1998.

이상운, 「목회학」, 서울: 한국장로교출판사, 1996.

이순, "목회상담과 목회심방과의 관계성 연구." 신학석사학위논문, 장로회신학대학 신학대학원, 1989.

이장호, 「상담심리학」, 서울: 박영사, 1996.

이재훈, "목회상담에서 이해의 문제", 「한국교회를 위한 목회상담학」, 기독교사상편집부 편, 서울: 대한기독교서회, 1998.

_____, "한국 심층목회상담의 전망", 「한국교회를 위한 목회상담학」, 기독교사상 편집부 편, 서울: 대한기독교서회, 1998.

이종기, 「간추린 목회상담학」, 서울: 세종문화사, 1991.

임택진, 「목회자가 쓴 목회학」, 서울: 대한예수교장로회총회, 1975.

전병선, "하이패밀리+창대교회 등 6개 교회 연합상담실 운영한다", 《국민일보》, 2006년 5월 29일자.

정소영, 「상담과 기독교 교육」, 서울: 한국장로교출판사, 2000.

정홍열, "루터의 인간론에서 전인 개념", 『기독교사상』, 1998년 10월호.

조용기, 「설교는 나의 인생」, 서울: 서울말씀사, 2005.

채규현, "목양과 목회상담과의 관계", Online: http://lib.chongshin.ac.kr/DataFile/5772010103.pdf.

한상인, "전인구원의 확장적 의미와 그 적용으로서의 JPIC", 「전인구원과 JPIC」, 서울: 서울말씀사, 2003.

한재희, "21세기 목회를 위한 인간실존의 이해와 목회상담", Online: http://cafe.naver.com/practicalth/136.

허긴, "한국의 전통적 종교가 기독교에 미친 영향", 「침례신학대학 논문집」 제1권. 1977.

현대사회연구소, 「2천년대를 향한 한국인상」, 서울: 현대사회연구소, 1982.

홍인종, "한국 목회상담의 동향과 전망(초안)", Online: http://www.durihana.com/mh200025c.htm.

황의영, 「목회상담원리」, 서울: 생명의 말씀사, 1994.

2. 번역 서적

Adams, Jay. E. 「성공적인 목회상담」, 정삼지 역, 서울: 예수교문서선교회, 1985.

Brister, C. W. 「현대인의 절망과 희망」, 오성춘 역, 서울: 홍성사, 1986.

Bucanan, Duncan. 「예수의 상담」, 박형중 역, 서울: 요단출판사, 1987.

Childs, Brian H. 「단기목회상담」, 유영선 역, 서울: 한국장로교 출판사, 1995.

Clinebell, Howard J. 「전인건강」, 이종헌, 오성춘 역, 서울: 한 국장로교출판사, 2000.

Collins, Gary R. 「교회지도자를 위한 효과적인 상담」, 정동섭 역, 서울: 두란노서원, 1984.

_____. 「기독교상담의 성경적 기초」, 안보헌 역, 서울: 생명의 말씀사, 1996.

Egan, Gerard. 「상담의 실제」, 오성춘 역, 서울: 대한예수교장로 회총회출판국, 1991.

Hiltner, Seward. 「목회 카운슬링」, 마경일 역, 서울: 대한기독교 서회, 1993.

_____. 「목회신학원론」, 민경배 역, 서울: 대한기독교서회, 1979.

Oswald, Roy M. 「목회자의 자기관리」. 김종환 역, 서울: 세복, 2000.

Rogers, Carl R. 「카운슬링의 이론과 실제」, 한승호 역, 서울: 집 문당, 1993.

3. 외국 서적

Adams, Jay. E. *(The) Big Umbrella: And Other Essays on Christian Counseling.* Grand Rapids: Baker Book House, 1972.

_____. *The Big Umbrella*. Philadelphia: Presbyterian and
Reformed Publishing Company, 1972.

_____. *How to Help People Change*. Grand rapids: Ministry
resources library, 1986.

Backus, William. *Telling Truth to Troubled People*.
Minneapolis: Bethany House, 1985.

Baek, Ju Seok. "An Evangelical Study of Healing Theology of
Jesus Christ." Ph.D. diss. Yuin University, 1999.

Benner, David. *Strategic Pastoral Counseling: Short-term
Structured Model*. Grand Rapids: Baker Book House,
1992.

Bons-Storm, Riet. *The Incredible Woman*. Nashville: Abingdon
Press, 1996.

Clebsch, William A and Charles R. Jaekle, *Pastoral Care in
Historical Perspective*. Englewood Cliffs: Prentice-
Hall, 1964.

Clinebell, Charlotte Holt. *Counseling Liberation*. Philadelphia:
Fortress Press, 1976.

Clinebell, Howard J. *Understanding and Counseling the
Alcoholic*. Nashville: Abingdon Press, 1968.

_____. *Growth Counseling*. Nashville: Abingdon, 1979.

_____. *Contemporary Growth Therapies*. Nashville: Abingdon,
1981.

_____. *Basic Types of Pastoral Care and Counseling:
Resources for the Ministry of Healing and Growth*.
Nashville: Abingdon Press, 1984.

_____. *Basic Types of Pastoral Counseling*. Nashville:
Abingdon Press, 1988.

Collins, Gary R. *Christian Counseling*. Texas: WordBooks,

1980.

_____. *Helping People Grow*. Ventura: Vision House, 1982.

_____. *How to Be People Helper*. Ventura: Vision House, 1982.

_____. *Can You Trust Counseling*. Illinois: Inter Varsity Press, 1988.

Corey, Gerald. *Theory and Practice of Counseling and Psychotherapy*. Belmont: Brooks/Cole, 2000.

Crabb, Lawrence J. *Effective Biblical Counseling*. Grand Rapids: Zondervan Pub. House, 1977.

_____. *The Key to Caring*. Grand Rapids, Mich. : Zondervan, 1984.

_____. *Understanding People: Deep Longings for Relationship*. Michigan: Zondervan Publishing House, 1987.

Edwards, Jonathan. *A Treatise Concerning Religious Affections 1746*. ed., John E. Smith. New Haven: Yale University Press, 1959.

Foster, Timothy. *The Handbook of Christian Counseling*. Nashville: Thomas Nelson Publishers, 1995.

Gerkin, Charles V. *Crisis experience in modern life*. Nashville: Abingdon Press, 1989.

Gibson, R. L., M. H. Mitchell & S. K. Basile. *Counseling in the Elementary School: A Comprehensive Approach*. Boston: Allyn & Bacon, 1993.

Greve, Fred J. *Pastoral Counseling a Study Guide*. Brussels: ICI, 1985.

Hagin, Kenneth E. *How You Can Led by the Spirit of God*. Tulsa: Faith Library Publications, 1991.

Hart, Archibald D, D, Gary L. Gulbranson, and Jim Smith,

    Mastering Pastoral Counseling. Portland: Christian
        Today, Inc, 1992.

Hiltner, Seward. *Pastoral Counseling.* New York: Abingdon
        press, 1949.

_____. *Pastoral Counseling.* New York: Abingdon–Cokesbury
        Press, 1949.

Hunsinger, Deborah van Deusen. *Theology and Pastoral
        Counseling.* Grand Rapids: Eerdmans, 1995.

H. B. English and Ava C. English. *A Comprehensive
        Dictionary of Psychological and Psychoanalytical
        Terms.* New York; London: Longmans, Green, 1974.

Ivey, Allen E, and Lynn Simek–Downing, *Counseling and
        Psychotherapy: Skills, Theories, and Practice.* New
        Jersey: Prentice Hall, 1980.

Miller, R. C. *The Clue to Christian Education.* New York:
        Charles Scribner's Sons, 1950.

Narramore, Clyde M. *(The) Psychology of Counseling:
        Professional Techniques for Pastors, Teachers, Youth
        Leaders, and All Who are Engaged in the
        Incomparable Art of Counseling.* Grand Rapids:
        Zondervan Pub. House, 1980.

Oates, Wayne E. *An Introduction Pastoral Counseling.*
        Nashville: Broadman Press, 1959.

_____. *Pastoral care and Counseling in Grief and
        Separation.* Philadelphia: Fortress Press, 1980.

Oden, Thomas C. *Kerygma and Counseling: toward a
        Covenant Ontology for Secular Psychotherapy.*
        Philadelphia: Westminster Press, 1966.

Sell, Charles M. *Family Ministry: the Enrichment of Family*

   Life through the Church. Grand Rapids: Ministry
   Resources Library, 1981.

Stone, Howard W. *Using Behavioral Methods in Pastoral
   Counseling.* Philadelphia: Fortress Press, 1980.

Tillich, Paul. *Systematic Theology* 3 vols. Chicago: University
   of Chicago Press, 1967.

Verhoff J. R. Kukla and E. Dorran. *Mental Health in America.*
   New York: Basic Books, 1981.

Williams, Daniel Day. *The Ministers and the Care of Souls.*
   New York: Harper & Row, 1961.